열려라
아가리

열 려 라
아 가 리

ⓒ 홍세화 · 김민웅

초판 1쇄 찍은날 · 2013년 12월 26일

초판 1쇄 펴낸날 · 2013년 12월 31일

펴낸이 · 이효순 | 펴낸곳 · 일상과 이상 | 출판등록 · 제300-2009-112호

편집인 · 김종필 | 디자인 · 노영현, 조동욱

주소 · 서울시 종로구 낙원동 58-1 종로오피스텔 1211호

전화 · 070-7787-7931 | 팩스 · 032-872-7931

ISBN 978-89-98453-09-1 (03300)

열려라 아가리

울도 담도
없는 세상
2

홍세화,
김민웅
시사정치쾌담집

이 책에 실린 사진을 촬영해 주신 이준경, 김미성 두 분에게 감사 드립니다. 이 책에 실린 사진들은 《왜 대통령들은 거짓말을 하는가?》 출간기념회를 비롯해 광화문과 옥수동, 망원동 등에서 촬영했습니다.

민주주의, 그 열정의 폭발을 기대하며

김민웅

2012년 대선을 치른 이후, 우리는 대단히 암울하고 마치 늪에 빠진 것만 같은 시기를 맞이했었다. 그리고 역사를 새롭게 만들기 위한 동력은 고갈되어가는 듯한 절망감도 겪었다. 우리가 바라는 시대는 이렇게 오기가 힘이 드는가, 하는 좌절이었다. 그러나 시간이 지나면서 변화가 생겨나기 시작했다. 새로운 힘이 솟아오르는 걸 체험하고 목격하게 되는 상황이 펼쳐지고 있는 것이다. 역전(逆轉)의 기세가 만만치 않게 확산되고 있는 중이다.

무엇보다도 권력기관의 대선 공작 실체가 하나씩 드러나면서 대선의 공정성에 대한 중대한 의문과 함께, 민주주의가 처한 위기를 어떻게든 극복하려는 시민들의 각오와 행동, 의지와 용기가 줄을 잇고 있는 것이다. 이것은 새로운 변혁의 시동이 걸린 것이자, 그 변화의 폭은 보다 넓고 그 위력은 보다 강해질 것을 예고하고 있다.

집권 세력이 불통(不通)으로 버티고 이런저런 구실을 걸어 진압하면 자연스럽게 지치고 조만간 꺼져갈 줄 알았던 촛불시위는 중단되지 않았고, 도리어 그 저항의 힘은 더더욱 단단해졌다. 박근혜 정권 퇴진을 목표로 한 종교계의 순교자적 자세는 거대한 기폭제가 되었으며, 고등학생들에게까지 번져나간 시국인식의 불길은 지금 우리가 어떤 지점을 향해 가고 있는지를 그대로 일깨워주고 있는 사태라고 할 수 있다.

이대로 주저앉고 마는 것인가? 그렇게 낙담하고 있던 민심은 박근혜 정권에 의한 전방위적 탄압이라는 현실 앞에서 도리어 전방위적 결속을 이루어내고 있는 것이다. 물론 낙관하기는 어렵다. 하지만, 점점 더 뚜렷해지고 있는 지난 대선 결과의 불법성과 주권유린의 과정은 어떤 방법으로도 은폐하기 불가능해지고 있으며, 이에 대해 누가 어떻게 책임져야 할 것인지를 확정하는 것도 명확해지고 있다.

그런데, 이런 변화의 과정이 펼쳐지고 있는 상황에서 우리가 만들어가야 하는 민주주의의 구체적인 실상은 아직도 정리되지 못하고 있다. 더군다나 진보의 존재는 소멸되었다 싶기조차 한 것이 현실이다. 진보 세력의 정치화로, 피땀 흘려 일군 성과가 진보 세력 자신의 정치적 미숙과 오판, 그리고 무지에 의해 파산된 결과다.

이토록 민주주의에 대한 사회적 열정이 다시 일어나고 있는데도 진보의 공간이 보이지 않는 것은, 집권 세력의 "종북정치"에 의한 것도 있겠으나 보다 일차적인 책임은 진보 세력 자신에게 있다고 여겨야 할 것이다. 민주주의의 절차적 정의를 복구하는 작업 못지않게 내용적 실천을 감당해야 할 진보의 목소리가 미약해지면, 우리는 자칫 이 역사적 시기의 진정한 의미를 놓치고 말 수 있다.

자본주의는 인간을 결코 행복하게 해주지 못한다. 인간의 노동을 자본의 도구로 삼아 소모품으로 만들 뿐이며, 노동하는 이들의 시간을 지배하여 인간다운 삶을 살아갈 수 있는 기회와 여력을 소진시킨다. 자본이 중심이 된 정치는 공공의 권리를 끊임없이 박탈하고 그것을 자신의 사적 소유로 만들어버리며, 부담과 책임은 공동체로 전가한다. 한마디로, 이익은 사유화하고 책임은 사회화하는 결과를 가져올 뿐이다.

여기서 대다수의 사람들은 기만과 배제의 대상이 되고 만다. 권리를 주장하는 것이 불법이 되고, 이에 저항하면 생존의 기반을 부숴버리고 만다. 이러한 자본의 정치에 대해 비판하면 "좌빨종북"으로 몰아 사회적으로 격리하고 정치적으로 매장하는 수법을 되풀이한다. 자본주의는 민주주의와 본질적으로 공존하고 양립할 수 없다. 민주주의는 그 사회구성원 모두에게 공정한 기회와 동등한 권리를 보장하는 것이라면, 사본주의는 소수에게 특권을 독점하게 하고, 다수에게 불평등을 강제화하는 시스템이기 때문이다.

민주주의는 이러한 자본주의 정치를 극복하는 과제를 정면으로 내걸어야 한다. 그래서 새로운 대안으로 가는 길을 뚫어내야 한다. 공공성이 중심이 되는 제도와 정책, 그리고 이를 관철할 국가의 정체성을 만들어내는 것이 곧 민주주의의 실질적 내용이 되도록 해야 한다.

이와 함께 한반도의 평화 체제를 구축하는 것은 우리에게 절체절명의 과제다. 이 과제를 우회하여 이룰 수 있는 민주주의는 없다. 남북관계는 이 틀 속에서 풀어나가는 방법 외에 없다. 아니면, 서로 줄기차게 적대하면서 군사적 충돌을 불사하는 위험에 우리 모두가 마주서야 한다. 그것은 모두에게 회복불능의 파멸이다. 냉전의 폭력성을 해체시킬 수 있는 길도 평화 체제를 이룩하는 것에서 가능해진다.

정치·경제적 진보를 내장하는 민주주의, 평화 체제를 만들어내는 동북아의 미래, 이 두 축이 우리에게 진정한 "안녕"을 줄 수 있다.

존경해마지 않는 홍세화 선생님과의 대담은 이런 문제의식의 지평을 보다 넓혀주었다. 때로 차이를 보이는 시각에서도 우리는 함께할 수 있는 고리를 찾아내는 데 주저하지 않았다. 우리는 각기, 오랜 세월 외국에서 일종의 망명객의 삶을 살았다. 그 세월이 준 가르침과 경험은 값진 것이었다. 미국과 프랑스라는 나라의 현실에서 배운 것들이 한국의 오늘에 투영되었기 때문이다.

이 대담의 기획을 비롯해 처음부터 끝까지 헌신적으로 애를 쓴 출판사 '일상과이상'의 김종필 대표의 노고에 감사를 드린다. 일상에서 미래의 이상을 꿈꾸는 그의 상상력이 날로 현실이 되기를 바라는 마음이다. 시민들이 주체가 되어 세상을 바꾸어 나가는 일에, 부족하나마 이 책이 조금이라도 도움이 되었으면 싶다.

대한민국 헌법 제1조 1항에 명시된 우리의 정치적 정체성인 "민주공화국", 그 이름대로 시민들의 권리가 확고히 보장되고 공화정의 역사가 빛나는 내일을 향해 우리 모두 함께 갔으면 좋겠다. 정작 말해야 할 때 침묵은 금이 아니라 도피이자 굴복이다. 입을 열고, 용기 있게 발언해야 한다. 새로운 세상을 이룩하는 혁명은 그렇게 시작된다.

성서는 태초에 말씀이 있었고, 그 말씀은 빛을 창조했다고 증언한다. 우리의 말도 이 역사 속에서 빛을 만들어낼 것이다. 빛이 생기자 하나님은 "보기에 좋더라"라고 스스로 감탄하셨단다. 우리도 그 감탄에 동참할 수 있는 날이 올 것이다. 그러자면, 먼저 열어야 할 것이 있지 않을까? 이 책의 제목처럼.

차 례

제1부

상식이 무너진 세상을 바꾸기 위해

박근혜 정권의 거짓공약,
이미 예견된 것이었다

김민웅 홍 선생님, 반갑습니다. 건강하세요?

홍세화 반갑습니다. 예, 그냥 건디고 있어요. 외부 망명자에서 요새는
내부 망명자 처지임을 절실히 깨달으며 살고 있습니다.

김민웅 하하, '내부망명자'라. 그렇지 않아도 에드워드 사이드(Edward
W. Said, 팔레스타인 출신의 미국 영문학자·비교문학자·문학평론
가·문명비판론자이다. 서구인들의 동양관을 비판해 온 대표적인 학
자로 꼽힌다. 그는 《오리엔탈리즘》이라는 유명한 저서를 남겼는데,
그 책의 서문에서 오리엔탈리즘을 연구하게 된 계기를 밝혔다. 그는
팔레스타인 출신으로 미국 시민권을 갖고 살았으며 명문 콜럼비아대

민주주의의 작동을 멈추게 하려는 사태가 전방위적
으로 일어나고 있습니다.

에 자리 잡은 교수로 안정된 생활을 하고 있었다. 하지만 1967년 발발한 제3차 중동전쟁은 미국인으로 살던 사이드의 정체성에 혼란과 불안을 가져왔다. 미국이 이스라엘 편을 드는 상황에서 사이드는 더 이상 순수한 미국인이 아니었고 미국인들은 그를 '팔레스타인 인'으로 바라보았다. 영국식 '에드워드'와 아랍식 '사이드'라는 역설적인 이름을 가진 그는 중동전쟁을 계기로 포스트식민주의 시대의 새로운 제국인 미국의 중심부에서 드러나지 않았던 팔레스타인 인으로서 자신의 정체성을 다시금 자각하게 되어 《오리엔탈리즘》을 쓰게 되었다.) 가 이런 말을 했더군요. "지식인은 필연적으로 자신이 살고 있는 땅 내부의 망명자로 살아야 할 운명이다." 이 말은 나사렛 예수가 "선지자는 제 고향에서 환영받지 못한다"라고 했던 것과 본질이 다르지 않습니다. 지식인이란 정치 현실과 일정한 거리를 두면서 비판적인 긴장관계를 계속 유지해야 하는데, 그런 상황에 계속 있어야 하는 처지가 편할 리가 없겠지요.

우리 앞에 벌어지고 있는 현실 자체가 또한 대단히 심각합니다. 박근혜 정권이 시작된 지 일 년이 되어 가는데, 예상하지 못했던 것은 아닙니다만 결과적으로는 그 폐해가 충격적입니다. 더군다나 더 위험한 일들이 연속적으로 벌어지고 있는 상황인 것 같습니다. 민주주의의 작동을 멈추게 하려는 사태가 전방위적으로 일어나고 있습니다. 선생님은 어떻게 생각하십니까?

홍세화 저는 다른 글에도 썼지만 현 정권에는 기대할 게 없다고 봅니다. 가령 경제민주화와 관련된 공약을 내세웠지만 거짓 공약으로 드러나고 있습니다. 이러한 상황은 이미 예견되었던 일입니다. 마르크스(Karl Heinrich Marx)가 《루이 보나파르트의 브뤼메르 18일》에서 말했듯이 한 계급에서 착취하지 않고는 다른 계급의 요구를 들어줄 수 없습니다. 이를테면, 정부가 주장한 기초노령연금을 실행하려면 결국 가진 자에게서 가져와야 하는데, 과연 박근혜 정부가 그럴 수 있을까, 저는 처음부터 의문스러웠다기보다 믿지 않는 편이었습니다. 이명박 정권의 감세 정책은 주로 재벌과 부자들을 위한 것이었는데, 박근혜 정권의 정체성으로 볼 때 그것을 되돌릴 것을 기대할 수 없기 때문이지요. 지난 공약들이 모두 허언일 수밖에 없는 것이지요. 덧붙여 민주화에 대한 우리의 인식부터 올바르게 해야 하지 않을까 싶습니다. 민주화는, 그것이 정치적 민주화든 경제적 민주화든 민중의 요구가 지배 세력에게 그렇게 하지 않으면 지배할 수 없을 때에 이뤄지는 것이지, 지배 세력이 시혜적으로 하는 게 아니라는 점입니다. 그런 건 민주화라고 부를 수 있는 것도 아니지요.

김민웅 저 역시 따라서 보통의 시민들이 목소리를 내는 것이 민주화의 핵심적 동력이라고 믿습니다. 대선 이전에 내세웠던 공약들이 허물어지는 과정을 살펴보면, 정치적 기만의 한계가 결국 드러나고 있는 것 같습니다. 보수 정당마저도 선거 과정에서 진보적인 의제들을 외형적으로 공약에 담아냈고, 그로 인해 유권자

민주화는, 그것이 정치적 민주화든 경제적 민주화든
민중의 요구가 지배 세력에게 그렇게 하지 않으면 지
배할 수 없을 때에 이뤄지는 것이지, 지배 세력이 시
혜적으로 하는 게 아니라는 점입니다.

의 지지를 어느 정도 얻어 집권하는 데 성공했습니다. 물론 이 집권 과정에 대한 문제제기가 점점 확대되고 있으나 선거 당시로서는 보수 정당의 진보의제 수용은 나름의 지지를 얻었던 것이 사실이니까요. 그렇다면 공약을 지키기 위해서는 기본적으로 이제까지 유지해 왔던 정치·경제적 질서를 교정했어야 하는데, 전혀 그렇게 하지 않았지요. 이제까지 보수 정당은 집권한 뒤에 일정한 정통성을 유지하기 위해서라도 자신들의 지지 기반인 상층부에게 다소나마의 희생을 감수하도록 했습니다. 니코스 폴란차스(Nicos Poulantzas, 마르크스주의 국가론의 중요한 이론가이다. 저서로는《정치권력과 사회계급》등이 있다.)가 말했던, 지배계급의 이해로부터 상대적으로 자율적인 공간이 있는 정치의 특성이라고 할 수 있으나, 그런 정치적 의지를 본질적으로 갖고 있지 않은 것이지요. 경제민주화를 내세웠던 김종인을 배제한 것은 그런 현실을 압축적으로 보여줍니다. 대선 과정에서 그토록 강조했던 보편적 복지라는 말도 이제는 실종된 단어가 되었습니다. 조지 오웰(George Orwell)의 작품《동물농장》에서 혁명의 시기에 외쳤던 구호와 불렀던 노래를, 자기들이 집권한 이후에는 금지시켜버린 것과 똑같습니다. '자기 배반'이 폭로되니까요.

그렇다면 진보 진영은 또 어떤가요? 한마디로 참담합니다. 정치적 입지 자체가 사라진 느낌이 들 정도입니다. 이런 상황에서 진보적 의제를 대중에게 호소하고 정치적으로 집결해야 할 텐데 멸종되고 있는 거 아냐, 하는 식의 비관론까지 생겨나고 있는 형편입니다. 대선 과정에서 국가권력기관이 불법적 공작으로 선거에 개입한 문제에 대한 지속적인 국민적 추궁은 멈추지 않을 것으로 보이고, 그럴싸하게 내세울 경제 정책도 없는 판이니, 어차피 박근혜 정권은 그 모순이 빠르게 드러나게 되어 점점 더 취약해져갈 것으로 보여져요. 그러니 역설적으로는 공안통치 외에는 견뎌낼 재간이 없는 것 아닌가 싶습니다. 그래서 홍 선생님도 거론하신 《루이 보나파르트의 브뤼메르 18일》에는 "역사는 두 번 되풀이된다. 첫 번째는 희극, 두 번째는 비극으로"라는 대목이 있지요. 루이 보나파르트는 나폴레옹의 복재판으로 정치를 끌고 나가려 했지만 비극으로 막을 내리게 됩니다. 여기서 한 가지 주목할 만한 것은, 처음 희극은 다소 길게 가지만 비극은 짧게 끝난다는 것입니다. 앞으로 박근혜 정권의 모순들은 단기적으로 빠르게 드러날 것 같은데, 그 다음 단계를 준비해야 하는 노력들이 지금 우리에게 필요할 것 같습니다.

사회적 모순들을 해결할 수 있는 방법들이 사라져 가고 있다

홍세화 그렇습니다. 진보 정당의 색깔이 오히려 약해져 가고 있는 것도 문제입니다. 우리가 흔히 얘기하는 사회적 양극화가 갈수록 심화되고 있는데, 수구적 보수 정당은 시민들의 불만과 혁명을 예방하기 위해 경제민주화 공약들을 내세우고 집권하였습니다. 자본주의의 문제의 하나는 기업과 정권 사이의 정경유착인데, 그로 인해 재벌이나 가진 자의 부를 시민에게 나눠줄 수 없습니다. 한국 자본주의의 고질적인 문제는 가진 자와 정당이 서로 의존하는 것인데, 국가가 위기에 처할 때 이들의 담합은 더더욱 강해집니다. 2008년의 세계 경제 위기의 여파로 한국 경제도 위기에 처하게 되었습니다. 특히 1997년 외환위기 당시 자본의 위기를 노동에 전가한 결과 노동자의 절반 이상이 불안정 노동 상태에 처하게 되었는데 앞으로도 이 문제는 해결되기 어려울 것입니다. 이런 상황에서 집권 세력이 취할 태도는 빤한 것이지요. 공안 탄압을 전면에 배치하는 일종의 경찰국가를 만들어가는 것입니다. 대중이 사회 불만을 토로하는 것을 막기 위해서입니다.

김민웅 그래서 언론과 공영방송을 무력화시키고 비판의 목소리는 미운 털 뽑듯이 뽑아버렸지요. 이명박 정권 때도 그래왔지만, 박근혜 정권에 들어서서는 '종북몰이'와도 같은 대중 파시즘이 더더욱 확산되고 있습니다. 끊임없는 책임 전가와 희생양 만들기를 계속하는 것이지요. 그럼으로써 사회적 모순들이 제대로 해결될 수 있는 방법들이 점점 사라지고 있습니다.

이건 정말 정치적 구토가 나는 상황입니다. 하지만 이에 대해 구토를 느끼지 못하는 대중의 의식이 박근혜 정권의 기만에 대해 신랄한 비판으로 나타나지 못하고 있는 것 아닌가 싶습니다. 그렇게 대중들의 의식은 길들여져 있거나 체념하고 있거나 아니면 누군가 나서주면 움직이겠다는 것이 아닌가 싶습니다. 물론 대중들에 대해 책임을 물으려는 것은 아닙니다. 상황이 여기까지 오게 된 것에 대해 짚자는 거지요. 박근혜 정권은 대선의 불공정성에 대한 비판 앞에서 정치적 희생양을 만드는 데만 급급한 나머지 우리 사회를 발전시키기 위한 새로운 꿈을 만들어내지는 못하고 있습니다. 애초부터 그런 능력은 없어 보였기도 했습니다. 집권 세력이 내세우는 창조경제 등의 프로그램은 이름만 그럴싸하지 구체적인 비전을 제시하지 못하고 있는데, 이러한 문제에 대해서 진보 진영도 구체적인 대안을 내놓지 못하고 있는 상황입니다.

홍세화 그런 점에서 저는 현실에 대해 어쩔 수 없이 부정적으로 생각합니다. 21세기에 들어와서 한국 사회에는 자본이 부추긴 이기적인 욕망이 더더욱 거세졌습니다. 예를 들면, 텔레비전 광고에 나왔던 "부자되세요!"라는 말이 유행해 흔히 인사말처럼 쓰였습니다. 그런데 이 말에는 우리 모두가 아닌 당신만 부자가 되라는 이기적인 의미가 내포되어 있었습니다. 과거에는 독재 권력에 의해 강제적으로 유포된 것이긴 하지만 "우리도 한번 잘

살아보세!"라고 했습니다. 이 말을 달리 생각하자면, 과거에는 정치적인 자유를 얻고 노동권을 확보하기 위해 '우리가 함께' 정치 권력에 대항하고 민주적 노동조합을 결성하고 세상을 바꾸려 했습니다. 그러나 정치적 억압이 강했던 권위주의 독재 시대에서 자본의 독재 시대로 넘어오면서 대중의 공감대가 점점 사라지게 되었습니다. 과거에는 권위주의 독재라는 실체에 대해 공통적으로 저항했고 공감대가 실질적으로 형성되었지만 오늘날에는 자본의 독재에 대해 저항해야 할 필요성을 사회구성원 사이에 공감하지 못하고 있습니다. 우리는 욕망의 노예가 되어가고 있습니다. 지난 두 차례의 민주당 집권을 거치면서 민주화를 완성했다고 착각했는데, 그 이후 더욱 강력해진 자본의 독재와 그것이 사회구성원 각자의 내면에 어떤 영향을 미치는지에 대해 심각하게 고민하지 못한 게 아닌가 싶은 것이지요. 겉으로는 삼성을 욕하면서도 오히려 삼성에 입사하고 싶어 하고 삼성을 따라하게 되었습니다. 과거에는 강제에 의해 어쩔 수 없이 권위주의 정권에 복종해야 했다면 이제는 자발적으로 자본에 복종하게 된 것입니다. 여기에 시민사회 활동이나 정치 운동을 해온 진보 세력까지도 의회주의의 틀 속에 갇히게 되면서 변색되었고, 불안정 노동에 시달리는 대중으로부터 멀어졌습니다. 최근의 양상은 노동 운동이든 사회 운동이든 진보 정치 운동이든 지리멸렬하고 있다는 것입니다. 앞으로 외환위기 같은 위기가 또다시 닥친다면, 그때 박근혜 정부나 그 뒤에 들어설 우파 정권이 가진 자가 아닌 노동자와 서민을 위해 나서지는 않을 건 분명한데, 그렇다고 하여 진보 진영에 그런 위기에 대처할 수 있는 능력이나 동력이 있을까 생각하면 그렇지도 않다는 것입니다.

삼성을 욕하면서도 삼성에 열광하는 현실을 바꿀 수는 없을까?

김민웅 그러게 말입니다. 우선 크게 두 가지 과제가 있는 것 같습니다. 하나는 개개인이 기초생활을 해나가는 데 필요한 기반을 만드는 과제입니다. 다른 하나는 자본이 구성해 놓은 삶의 스타일과는 다른 내용을 추구하는 사람들도 존중하는 사회가 되도록 하는 작업입니다. 이러한 사회를 만들어가는 데 진보 진영도 많은 한계를 보였습니다. 그러다 보니 무엇을 우리가 욕망해야 할 것인지, 그 가치를 설정하는 데 성공하지 못하고 말았습니다.

그런 점에서 스콧 니어링(Scott Nearing)을 얘기해 보고 싶습니다. 스콧 니어링과 그의 아내 헬렌 니어링(Helen Nearing)은 한국에서는 생태 내지 환경운동가로 소개되어 있지만 사실 스콧 니어링은 1920~30년대에 지금의 노엄 촘스키(Noam Chomsky)와 같은 명성을 지닌 지식인이었습니다. 미국의 제국주의와 자본주의에 대해 신랄한 비판을 가했던 인물이지요. 이들이 버몬트의 숲으로 들어가서 새로운 삶을 살게 된 결정적인 계기는, 이들이 꿈꿔왔던 보다 새로운 삶을 만들어내는 쪽으로 사회주의 운동과 진보 운동이 발전하지 않아서입니다. 이들은 사회주의가 자본이 제공하는 욕망을 어떻게 모두가 공평하게 나눠 갖느냐에 국한해 이야기했기에 실패한 것이라고 보았습니다. 이러한 관점에서는 자본이 제공하는 욕망을 성취하는 부분에서 자본주의가 나은 것인가 사회주의가 나은 것인가로 귀결되므로, 사회주의는 끝없이 패배할 수밖에 없다고 생각했습니다. 그래서 이들은 자본의 욕망에 포섭되지 않은 삶을 만들어내기 위해 버몬트로 가는 선택을 한 거죠. 우리나라에서는 스콧 니어링 부부를 자연주의자로만 부각시켜 바라보고 있는데, 자본주의와 다른 삶의 형태를 창조한 이들의 모습들도 생각해야 합니다. 여하튼 이들의 열정적인 모습은 새로운 흐름을 일으켰는데, 그런 점에서 선생님과 제가 대화하는 이 자리가 그런 흐름과 새로운 변화를 만들어내는 계기의 하나가 된다면 좋겠습니다.

홍세화 물론 그래야겠죠. 그러려고 우리가 입을 모으는 게 아니겠습니까? 박근혜 정권이 실패할 것은 분명한데, 어떻게 실패할 것이냐에 대해 사람들의 관심이 큽니다. 어차피 경제민주화를 실천할 수 있는 의지도 없지만 동력도 확보할 수 없을 것이기 때문입니다. 노동 운동과 진보 정치를 배제하고서는 동력을 확보할 수 없습니다. 그런데 대공장과 노동조합 중심의 민주노총을 토대로 한 진보 정당이 비정규직 노동자를 배제해 온 것도 문제가 있습니다. 지나치게 민주노총만을 대변하는 것도 문제이며, 전체 노동자의 약 5%에도 이르지 못하는 민주노총 노동자들을 전체 노동자로 보는 것도 문제입니다. 그리고 진보 정당이 민주노총 위에 서 있는 것도 문제입니다. 한마디로, 소수의 노동자만을 대변하는 것이 문제인 것입니다. 현대자동차의 경우 노동조합조차도 전체 노동자의 계급적 이해에 조금이라도 접근하려는 모색은 찾을 수 없고 조합원들의 경제적 이익을 우선한다는 것이 더욱 분명해지고 있습니다. 가령 현대자동차 노조는 사측에 조합원의 자식에게 정규직으로 취업하는 데 있어 특혜를 요구하기도 했을 정도로 조합이기주의가 팽배해 있습니다. 그리고 진보 정당은 여전히 민주노총 중심으로 노동

자의 이익을 대변하고 있습니다. 이러한 일이 생기게 된 배경으로 민주노동당이 의회에 들어가기 위해 당을 건설할 때 민주노총을 토대로 출발했던 점을 꼽을 수 있지만 그 이후 의회주의의 한계 안에 갇혀 있다는 한계를 계속 보여왔습니다.

한편, 외환위기 이후 두 차례에 걸쳐 민주당이 집권했는데, 삼성 이건희 회장의 입장에서 어느 때가 더 편했을까요? 박정희 정권 시절보다 민주당이 집권하던 시절이 오히려 더 편하지 않았을까요? 물론 이제는 박정희 시대처럼 국가 권력이 자본을 제압할 수 있는 시대는 아니지만 그래도 자유주의 정권 시대가 오히려 더 편할 수도 있습니다. 신자유주의 시대가 오면서 우리는 삼성이 상징하는 욕망에 휩쓸리게 되었고 중산층 이상의 사람들뿐만 아니라 노동자들까지도 경제 논리에 사로잡히게 되었습니다. 이러한 '정신의 신자유주의화'에 대해 진보 지식인과 언론인들도 거의 모두 무심했습니다. 박근혜 정권은 어떤 점에서 두 차례의 민주당 정권을 지나면서

'박정희의 국가'가 아닌 다른 국가의 모습을 보여주지 못한 당연한 귀결이라고 볼 수 있다는 것입니다.

김민웅 자본이 중심에 서는 체제를 지속적으로 만들어 왔던 거지요. 외환위기 당시에 한국 경제는 구조조정이라는 화두에 사로잡혔잖아요. 당시에 우리 사회는 구조조정이라는 말이 무엇인지 양극화가 무엇인지 잘 몰랐는데, 구조조정이 진행되는 과정에서 자본가에게 독점적인 지위가 부여되었고, 이러한 질서에 사회구성원들이 그대로 흡수되었습니다. '어어, 이게 뭐지?' 하다가 사회적 양극화를 구조화하는 정치와 경제 질서가 굳어져 간 것입니다. 특히 정치인들은 신자유주의라는 세계 정치·경제의 재편 과정에서 한국 노동자들을 위한 삶을 어떻게 만들어갈지는 고민하지 않았습니다. 대세를 거를 수 없다는 식으로 신자유주의를 받아들였고, 그 과정에서 배제와 부분적 포괄이라는 전략을 펼쳤습니다. 노동의 일부를 흡수하는 방식으로 포괄

전략을 펼쳤는데, 이들은 현실에서는 노동자로서 일하는데 사회 경제적인 계급적 위치는 중류 부르주아적 수준에 속하게 되었다는 착각에 빠지게 한 것입니다. 그렇게 된 순간부터 노동자들 내부에는 일종의 계급분화가 일어났고 노동 운동의 동력이 떨어지면서, 비정규직을 포함한 기층 노동자들은 배제되고 방치되는 현실에 놓이고 만 것이 아닌가 합니다. 진보 정당의 경우에도 바로 이들의 삶을 적극적으로 끌어안고 정치적 대표성을 강화하는 노력을 기대만큼 기울이지 않았거나 못했습니다. 과거 민주노동당이 분열 내지 분화한 내부의 원인도 자세히 살펴보면 바로 이러한 노동자들의 현장과 거리가 멀어진 것에 있다는 생각이 강하게 듭니다. 그러고는 당내 헤게모니 정치에 몰두하면서 그와 연결된 의회주의 정치의 틀에 안주하려거나, 아니면 그것만을 목적으로 삼는 패권주의가 나타나면서 진보의 가치가 해체되어가고 만 것이라고 할 수 있습니다.

대선 결과와 통진당 사태, 진보 세력에게도 책임이 있다

홍세화 바로 그런 거지요. 2004년에 민주노동당 10명이 국회에 들어가면서 많은 사람들이 희망을 말했지만 저는 진보 정당이 그때를 가장 높은 꼭짓점으로 하여 계속 내리막길을 걸었다고 봅니다. 민주노동당은 노동자 전체가 아닌 일부 노동자들의 이해만을 대변하게 되었습니다. 헤게모니 전략을 구사해야 했는데 그렇지 않았습니다. 목소리는 사민주의적 요구에 머물렀지요. 물론 그것만으로도 상대적 진보성은 분명했지만 이미 노동자는 '포함된 자'와 '배제된 자로' 분할되었고 그사이에 적대감까지 형성되었습니다. '노동자는 하나'라는 거짓 구호로 포함된 자들이 이미 자본에 포섭된 점을 숨기려 했습니다. 당연히 배제된 노동자들은 사회적으로 외면당했습니다. 이를테면, 배제된 노동은 두 번 버림받게 되었던 것입니다. 자본과 권력으로부터 버림받고 조직 노동과 진보 정치로부터도 버림받았습니다. 일례로 한 유력한 진보 정치인(누구라고 말하지는 않겠지만)은 겉으로는 "비정규직 철폐!"를 외치기도 했지만 "비정규직 노동자는 투표에 1%도 영향을 미치지 않으므로 중요하지 않다"고 귓속말을 했습니다.

대기업의 조직된 노동자들은 그 대부분이 자본이 부추긴 욕망에 포섭되었고, 비정규직을 비롯한 불안정 노동은 진보 정치에서도 배제되었습니다. 불안정 노동을 조직화, 정치화해야 할 진보 정치는 그들에게서 멀어지면서 더욱 의회주의에 갇히게 되었고, 그것을 위해서도 세력 규합에 나서야 했고, 국민참여당까지 합해 통합진보당을 결성하기에 이릅니다. 민족주의 성향이 강한 범진보 세력과 통합하는 것으로도 모자라서 말입니다. 불안정 노동을 배제한 정치 세력들이 진보의 이름으로 통합된 것이었지요. 애당초 분해되고 말 운명이었고, 결국 총선 직후 통합진보당 사태라는 이름과 함께 분해되고 말았습니다. 결과적으로 진보 정치와 노동 운동은 통합 이전보다 더 지리멸렬하게 되었다고 말할 수 있습니다.

김민웅 진보정치 전반에 걸친 매서운 비판이시네요. 홍 선생님은 여러 진보 정당들이 통합보다는 연대의 기초 위에 각자의 위치에서 제 색깔을 내야 한다고 주장하셨죠. 그런데 선생님과 달리 저는 진보 세력의 통합을 강조했었지요. 이제 와서 보면 다 물거품이 되었고 현실적인 의미조차 사라진 상태가 되고 말았습니다만, 대선을 앞둔 정세 속에서 진보 세력이 힘을 합해 정권을 바꾸는 것이 중요하다고 생각했기 때문입니다. 각자의 정치적 이해관계만 내세운다면 힘도 쪼개지고 너희는 서로 힘도 하나 합치지 못하냐 하면서 대중의 질타와 외면을 받을 수 있기도 하고요. 저로서는 진보 세력의 대통합을 강조했을 때, 일단 진보 정당이 강력한 결속력을 가지고 대중의 선택을 받고 난 뒤, 내부적으로 치열한 논쟁을 거쳐 각자의 정체성을 진보 정당의 정책으로 드러내면 되지 않을까 하고 생각했는데 결과적으로는 그렇게 안 되었습니다.

홍세화 제 경험이 말하는 건, 진보 정당까지도 내부 패권이나 그 알량한 권력을 장악하기 위해 모든 수단과 방법을 동원하고 있었다는 점입니다. 이러한 폭력성을 대부분은 인식하지 못하고 있는데, 과연 진보 정당인가 의문스럽기조차 했습니다.

김민웅 "진보 정당 내부의 폭력성"이라. 그건 반드시 짚어볼 문제네요. 그런데 이건 좀 다른 이야기가 되겠습니다만, 좀 전에 제 자신 스스로도 진보 정당이 의회주의의 틀 안에 갇혀 있었다는 것을 비판했는데요. 의회주의 안에 갇혀 있으면 문제이지만 의회 활동도 간과할 수 없지 않을까요? 안 그러면 진보 정당이 국회를 무시한다는 오해를 받을 수도 있잖아요.

홍세화 그렇죠. 당연히 국회의원이라면 의회 활동을 무시할 수는 없죠. 하지만 진보 정치의 시선이 의회에만 머물면 안 되고 나아가 국회의원 자리에 집착해서는 더욱 안 되겠죠. 2004년을 예로 들어보죠. 당시에 국회에는 의원용 엘리베이터와 직원용 엘리베이터가 따로 있었는데, 민주노동당 의원들은 그것을 무시함으로써 신선함을 보여줬습니다. 그러나 거기까지였지요. 국회의원 10명 중 8명은 정당 비례대표로 당선되었기 때문에 의원직을 박차고 나와도 후순위 비례후보가 국회의원이 될 수 있습니다. 하지만 민주노동당 의원들은 4년 동안 8명 중 단 한 사람도 국회의원 자리를 내려놓지 않았습니다. 가령 독일 녹색당 의원들은 2년씩 교차하여 젊은 당원들이 순차적으로 의원이 될 기회를 갖게 하기도 하지요. 저는 소수 정당의 국회의원에게는 헤게모니 전략이 중요하다고 보는데, 노무현 정권이 이라크에 파병했을 때 항의의 표시로라도 의원직을 가차 없이 내려놓는 결기를 보여주었더라면 하는 생각을 했었습니다. 만약에 8명이 모두 의원직을 내려놓았더라면, 그 행위는 대중에게 각인될 수 있을 것입니다. 대중에게 진보 정당의 국회의원은 국회의원 자리에 연연하지 않는다는 인식을 갖게 할 수 있었겠지요. 개인적으로는 프랑스 정부가 이라크에 파병을 결정했을 때 이에 대한 항의로 장관직을 박차고 나온 국방장관과 비교되었습니다.

김민웅 선생님 말씀에 전적으로 동의합니다. 이때의 헤게모니 전략이란 사회여론의 지형상 보다 많은 지지를 확보하는 방책이라는 의미시겠네요. 그런데 정치에서는 대선도 정말 중요한 것 같습니다. 이 이야기를 하는 까닭은 바로 그 헤게모니 전략상 가장 크고 강력한 공간이 대선이라는 점에서 그렇습니다. 아까도 잠시 이야기했지만 지난 대선 때 새누리당은 민심을 의식해 진보 정당과 마찬가지로 경제민주화와 복지 문제를 공약으로 내세웠잖아요. 이게 일정하게 먹혔단 말입니다. 그런 상황에서, 본래 이런 정책에 대해서는 발언권을 역사적으로 가지고 있는 진보 정당이 하나의 커다란 정치 세력으로 꼴을 갖추고 있지 못하면 대중적인 지지를 받기 어렵다고 보았습니다. 그래서 일단 진보 세력이 힘을 합쳐 진보 진영의 외연을 확장할 수

진보 세력이 대중적으로 뿌리를 내릴 수 있는
현실적인 정치력이 절실하게 필요합니다.

있는 구조물을 만들어놓으면 좋지 않을까 싶었는데, 제가 진보 정당 내부의 사정을 잘 알지 못한 채 너무 안일하게 생각하지 않았는가도 싶습니다. 그렇다 하더라도 저는 진보 세력이 대중적으로 뿌리를 내릴 수 있는 현실적인 정치력이 절실하게 필요하다는 생각을 거둘 수가 없네요. 좀 더 세련되고 설득력 있고 대중이 알아듣기 쉬운 방식으로 정치를 움직일 수 있는 능력이 아쉽기만 합니다.

홍세화 현실이 설혹 그렇다 하더라도 진부 세력 내부에서 먼저 주목해야 할 바가 있습니다. 저는 앞에서 포섭과 배제에 대해 말했는데요. 진보 정당들이 자기 세력을 확장하기 위해 포섭해 나가는 방식에 문제가 있었다고 생각합니다. 한국의 진보 세력에게는 일종의 패권적 헤게모니가 형성되어 있는 것 같습니다. 의회주의라는 권력을 지향하는 패권주의 문화도 문제이며, 여러 진보 세력이 통합되는 과정에서 통합에 함께하지 않으면 적으로 보는, 그래서 경쟁하면서도 사안에 따라 협력하고 연대해야 할 사람들에게 더 적대적인 문화를 극복하지 못한 것도 문제입니다. 이는 한국의 진보 세력이 가진 한계입니다. 그런데도 진보 세력은 이러한 현실을 바꾸기 위해 필요한 자기 성찰을 하지 않습니다. 자기 성찰을 위한 공부를 하지 않고 있으며, 자기들이 가진 가치와 의식이 가장 진보한 것이라고 착각하고 있습니다. 세상은 급변하고 있습니다. 따라서 끊임없이 학습하고 자기 성찰을 하여 스스로 변화해 나아가야 진보라고 할 수 있는데, 대개 20대 때의 생각을 더 이상 발전해 나가지 않습니다. 이러한 사유 방식도 결과적으로 정파의 패권주의에 갇히게 만드는 것 같습니다.

김민웅 그런 면이 없지 않아 있겠지만 시간적으로 보자면, 좀 더 바람직한 진보를 이룩하는 데는 그동안의 진보 운동의 역사가 짧지 않았나 싶어요. 더 깨져야 하는 것이 아닌가 싶은 생각이 드는 거죠. 좀 미안한 말이기는 하지만, 그러는 가운데 역사적 실천의 과정에서 결국 새로운 방향이 잡히는 것이 아닌가 합니다. 물론 주체적인 성찰 노력은 반드시 필요한 것이고요. 진보 세력이 서로 분열되지 않고 힘을 합쳐 선생님께서 말씀하신 문제들을 스스로 해결해 나갔더라면 좋았을 텐데 정말 아쉽네요. 통합진보당 사태가 벌어지는 바람에 이런 설정도 과연 의미가 있었을까 하기도 합니다만, 이 역시 통합의 과정에서 걸러질 수 있지 않았을까 하는 생각도 들고요. 어찌 보면 이 이야기는 이제 낡은 화제가 되고 말았지만, 그 과정을 언젠가는 좀 더 정밀하게 복기해 보면 어떤 역사적 교훈을 얻을 수 있다는 기대를 해봅니다.

홍세화 그에 대해 다시 강조하고 싶은 바가 있습니다. 진보 진영은 서로의 이해관계에 따라 갈 길이 달라지곤 했는데, 이 부분에 대해서는 사람들의 시각이 엇갈립니다. 하지만 이해관계에 따라 통합이 주장되는 것에 문제가 있다고 봅니다. 단순히 대선과 총선에서 이겨야 한다는 이유로 통합이 강조되어선 안 됩니다. 자신들이 지켜내야 할 기본적인 가치와 의식을 구체적으로 드러내놓지 못한 채 대선과 총선에서 이기기 위해 야권이 통합되는 것은 문제가 있습니다. 오로지 통합만이 강조되면서 대중의 구체적인 삶의 현실과 당면과제에 관해 충분히 논의되지 못했습니다. 기본적으로 자본주의적인 질서 속에서 살아가는 우리에게는 FTA 등으로 여러 문제가 발생할 수 있는데, 이에 대한 구체적인 담론들이 충분히 형성되지 않았으니까요. 지난 대선에서는 여당에서도 경제민주화와 사회복지와 관련된 공약을 내놓았습니다. 하지만 말로야 무엇을 못하겠습니까. 이들은 진보 진영의 의제까지도 자기들의 최대 관심사인 것처럼 이야기했습니다. 지금은 이 공약들이 오로지 말로만 남게 되었는데, 총선과 대선 당시 진보 정치 세력이 통합논의에 매몰되지 않고 의제를 구체적으로 제기했어야 했다는 게 제 생각입니다. 간단히 말해, 세력을 통합하는 게 아니라 의제를 내걸고 연합해야 했다는 것입니다.

한국의 지식인들은 자신들이 가진 지적
자족감에 머문 채 현실 문제는 외면하고
있는 것이 아닌가 하는 겁니다.

현실에 관심을 갖고 지평을 넓혀 나간다면

김민웅 의제를 세워 나간다는 점에서, 진보 진영의 실력도 스스로 깊이
되돌아봐야 하는 게 아닌가 싶습니다. 선생님께서 좀 전에
FTA 이야기를 하셨는데, 그렇지 않아도 요즘 언론이 전하는
뉴스는 굉장히 협소해 보입니다. 신자유주의 체제가 세계적으
로 어떤 변화에 직면하고 있는지, 그래서 각 지역마다 어떤 문
제와 해결책들이 제시되고 있는지 그런 것들에 대해서는 전혀
관심이 없습니다. 언론들이 우리가 사는 세상의 큰 틀을 생각
하지 않은 채 청와대와 여의도 정가에 국한해서 세상을 바라보
고 있다는 느낌이 들 정도입니다. 그렇다면 진보 진영은 넓은
시각을 가지고 있다고 말할 수 있을까요? 진보 진영 스스로 보
다 넓은 시각을 갖기 위한 노력이 부족했던 것 같습니다. 자신
이 가진 지식이 마치 상당히 선두에 선 것이라고 여겨 더 많은
공부를 하지 않았던 게 아닌가 합니다. 기본적으로 세계적 현
실의 변화 과정에 대한 지식과 이해가 부족하고, 이것을 우리
의 정치 현실에서 해석하고 그 해결의 지점을 찾으려는 실력이
빈곤하다는 진단을 하게 됩니다. 진보 세력 스스로 파는 함정
이라고 봅니다. 근본적인 자기비판이 필요해요.

홍세화 당연히 동의합니다. 지난 대선에서 모든 정치인들은 사회적 약
자들을 위해 고민하고 있다고 말했습니다. 박근혜도 복지 공

약들도 여럿 내놓았습니다. 사회 문제들에 대한 적극적인 관심을 표명하며 문제를 해결하겠다고 했는데, 스스로 책임을 져야죠. 다른 한편 진보 진영은 그들과 달리 윤리적으로 우월하다고 생각해 스스로를 올바르게 평가하지 못하고 있습니다. 이러한 생각이 진보 진영을 오만에 빠지게 한 것 같습니다.

김민웅　예, 옳으신 말씀입니다. 진보 진영의 실력에 대한 반성, 절실합니다. 1969년 '전공투'로 대표되는 일본 학생 운동이 세차게 전개되었을 때, 일본 동경대 학생들과 당시 40대의 우파 작가 미시마 유키오(三島由紀夫)가 동경대 강당에서 논전을 벌입니다. 이때 이들 학생들이 미셸 푸코(Paul Michel Foucault)를 비롯해 프랑스 철학에서부터 일본 천황제에 이르기까지 다양한 이야기를 심도 깊게 나누었더군요. 그런데 주목되었던 점은, 이들이 프랑스 철학에 대한 고준담론을 나누면서 지적 과시를 하는 것이 아니라 프랑스 철학이 내놓은 고민을 일본의 현실과 접목시켜가면서 치열한 토론을 한판 벌이더란 말입니다. 프랑스 68세대의 문제의식과 일본의 현실을 서로 관통시켜 자기 의식을 만들어낸 거지요. 우리의 경우에는 프랑스 철학에 매료되는 것까지는 좋다 치고, 이후 우리의 현실로 착지하지 않습니다. 프랑스의 지적 혁명을 이룬 68세대의 사회적 투쟁과 정치적 도전이 이루어낸 프랑스 철학의 돌파력에 대한 내적 고뇌가 별로 보이지 않는 겁니다. 모두가 그런 것은 아니지만 한국의

지식인들은 자신들이 가진 지적 자족감에 머문 채 현실 문제는
외면하고 있는 것이 아닌가 하는 겁니다. 현실에 질문을 던지
지 않고, 현실을 바꾸려는 의지 없는 지식의 의미란 과연 무엇
일까요? 플라톤(Platon) 이후 서구 철학사의 근본주제는 정치
에 무관심한 인간은 행복할 수 없다는 것 아니겠습니까?

홍세화 그렇죠. 지식인들이라면 현실에 관심을 가져야겠죠. 현실을 바
라보지 않고 이론에만 머물러선 안 되겠죠. 예를 들어, 알제리
전쟁을 이야기하지 않고 사르트르를 얘기할 수 없듯이 현실을
제대로 바라봐야겠죠.(1958년에 독립을 원하는 알제리 해방전선
과 이를 막으려는 프랑스군 사이에 전쟁이 일어났다. 그러자 프랑스
의 대표 지식인 사르트르는 알제리 독립을 지지하고 프랑스 정부에
대한 불복종 선언을 주도하면서 사사건건 드골과 각을 세웠다. 제2
차 세계대전의 전쟁 영웅이었던 드골은 지지층이 탄탄한 대통령이었
다. 드골의 지지자들은 사르트르의 아파트에 폭탄테러를 하고 집회
를 열어 반역자 사르트르를 처형하라고 외쳤다. 하지만 드골은 '볼
테르를 감옥에 가둘 수는 없다'며 그들의 요구를 일축했다. 사르트
르는 지식인을 '자신과 무관한 일에 참견하는 존재'라고 말한 바 있
다. 사르트르는 프랑스인이었지만 진정한 지식인이었기에 프랑스가
알제리에서 행한 추악한 식민화 전쟁을 통렬하게 비난했던 것이다.)
　푸코의 경우에는 실제로 후배나 동료들을 통해 감옥의 현실
적인 모습과 그것의 구조를 연구했습니다.(푸코는 《감시와 처

왜 대통령들은
거짓말을
하는가?
시민 권력을 위한 불온한 정치사
THE HISTORY UNFULFILLED PROMISES

〈왜 대통령들은 거짓말을
'대한민국 새 대통령

주진우, 김민웅, 홍세화가 대한민국 새 대통령
'꼭 해결해야 할 우리 사회의 문제

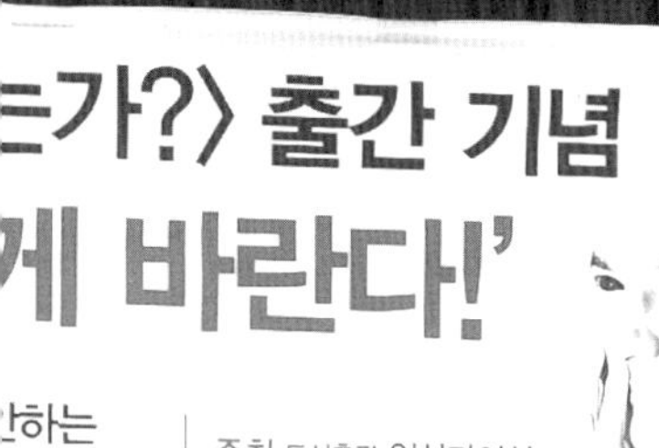
드가?〉 출간 기념
게 바란다!'
하는
주최 도서출판 일상과이상
후원 예스24, 한겨레신문사
주진우,
홍세화,
김민웅 초청
북콘서트!
주진우,
홍세화,
김민웅 초청
북콘서트!

벌》을 통해 처벌의 종류와 감시방법, 감옥의 탄생 과정을 밝히며, 근대 이후의 사법제도와 권력의 관계를 심층적으로 고찰했다. 감옥을 비롯해 가정, 학교, 군대, 병원, 공장 등이 사실상 유사한 구조로 되어 있다고 밝히며, 근대화 과정에서 감시와 처벌이 자리 잡게 되었다고 주장했다.) 그리고 실제로 동료와 후배들과 함께 감옥 감시대를 꾸렸습니다.

우리의 경우에는 이들 지식인들처럼 우리가 처한 현실을 관찰해내고 그 바탕 위에서 실천하려는 노력이 부족했던 것 같습니다. 그래서 한계를 보였습니다. 지식인이라면 현실에 대해 비판할 수 있는 힘을 끊임없이 길러야 하는데, 자신의 학문적 권위만을 내세워 생각이 정체되어 있는 것이 문제입니다. 최근에 불거진 이석기 의원 문제도 그렇습니다. 물론 이석기 의원 자신이 과거의 사고방식에 사로잡혀 비현실적인 발상을 한 것도 문제이지만 그동안 진보적 지식인과 언론이 제 역할을 다하지 않았던 점도 무시할 수 없습니다. 진보 지식인과 진보 언론이 제 역할을 다했어야 했는데, 그래서 북한 체제를 어떻게 바라봐야 하는가 등에 대한 토론과 비판이 활발히 이루어져 통일 문제와 노동 문제 등이 수면 위에서 교차되면서 담론이 형성되었어야 했는데, 그러지 못했습니다. 그러는 사이에 일반 국민들은 먹고사는 문제에 대한 불안 속에서 생존을 위해서만 살아갔고, 결국 현실 문제들에 무관심하게 되었습니다. 《경제적 공포》를 쓴 프랑스의 비비안느 포레스테에 의하면, 무관심은 잔인한 것입니다. 그녀는 무관심이 아이러니하게도 매우 활동적이며 강력한 힘을 갖고 있다고 했습니다. 왜냐하면 무관심은 무엇보다도 추악한 권력의 남용과 탈선을 허용해 주기 때문이라는 것입니다. 오늘 한국의 정치 현실에 비추어 너무나 정확한 말이 아닙니까? 그래서 더욱 지식인들은 독일의 작가 귄터 그라스(Gunter Grass, 1927년 10월 16일 폴란드의 자유시 단치히에서 상인의 아들로 태어났다. 제2차 세계대전 중 히틀러 청년 운동을 겪었고, 열여섯 살에 징집당하여 참전했다가 미군 포로수용소에 수감되기도 했다. 이후 뒤셀도르프 예술 아카데미에서 조각을 공부했고, 1955년 서정시 경연 대회에서 입상하면서 등단했다. 1958년《양철북》초고를 전후 청년 문학의 대표적 집단인 '47그룹' 모임에서 낭독하여 그해 47그룹 문학상을 수상했고, 이후로도 뷔히너 상, 폰타네 상, 테오도르 호이스 상 등 다수의 문학상을 수상했다. 1961년부터 사민당에 입당하여 활발한 정치 활동을 펼쳤다. 1960년대에는《고양이와 생쥐》(1961),《개들의 세월》(1963)을 발표함으로써《양철북》의 뒤를 잇는 '단치히 3부작'을 완성하였다. 1976년 하인리히 뵐과 함께 문학잡지《L'76》을 창간하였고, 하버드대학교에서 명예박사 학위를 받았다. 1999년에《양철북》으로 노벨 문학상을 받았다.)가 외쳤듯이 아가리를 열어야 하는 것이 아닐까 싶은 것이지요.

우리 사회가 근본적인 질문, 본질적인 성찰을 피하
려 들지 않는 변화가 필요하다고 믿습니다.

이석기 사태, 어떻게 바라봐야 할까?

김민웅 그 말씀을 들으니 언젠가 홍 선생님과 방송에서 대담을 하던 중 제가 농담을 하나 한 것이 생각납니다. 그리스의 민주광장 아고라의 어원이 '아가리'가 아닐까 하고 말입니다. (웃음) 현실에서 출발하지 않는 지식 또는 지적 고뇌는 관념화되거나 실체가 없는 지적 유희에 불과하다고 생각합니다. 오늘날 한국 지식인들 다수가 현실과 정면으로 맞서서 할 말을 하려 들지 않고 있습니다. 이른바 정치 평론가들만 입을 벌리고 있습니다. 이들 평론가들의 능력이 떨어진다는 것이 아니라 이러면서 근본적인 문제제기의 능력이 사회적으로 저하되고 있습니다. 평론보다 중요한 것은 비판적 질문과 성찰인데, 이 작업에는 지식인들의 집단적인 노력이 보이지 않기 때문입니다. 이 책이 나올 때쯤에는 어떤 문제들이 사회적인 이슈가 될지 모르겠지만 모든 문제들에 대해 끊임없이 비판적으로 질문을 던지는 일이 중요합니다. 어떤 사건을 놓고 언론이 내놓은 말들이 과연 옳은지 의문을 품고 사건의 진위를 따져야 합니다. 그러면서 우리는 우리 사회가 직면하고 있는 문제의 본질에 대해 깊게 파고들 수 있지 않겠습니까?

그런 점에서 이석기 사태도 짚어야 할 바가 적지 않습니다. 검찰이 문제 삼은 그동안의 이석기 관련 행적에 대해 입증할 수 있는 자료는 녹취록 하나밖에 없습니다. 녹취록이란 것은 다른 사람이 한 말을 옮겨 적은 것 아닙니까? 이것이 법적으로 입증 능력을 가지려면 첫째, 녹취록과 녹음자료 내지는 동영상이 일치하는지를 확인해야 합니다. 둘째, 녹취록이 편집되지 않은 전문(全文)인지가 중요합니다. 셋째, 그것을 증거로 확보한 방법이 합법적인가 하는 점입니다. 그런데 언론도 그렇고 새누리당은 물론이고 민주당도 이런 점들을 정밀하게 짚지 않았습니다. 진보 정당들도 별로 다를 바 없었습니다. 이석기 사태의 유탄이 날아오는 것을 막기에 급급한 인상이었어요. 이해는 가지만, 이건 올바른 자세가 아니고 범죄를 확증하는 방식이 이렇게 되면 누가 걸려도 마찬가지의 상황이 벌어질 것입니다. 이건 일종의 일방적인 폭력입니다. 이번 이석기 사태 때 진보 진영 내부에서 이러한 문제에 대해 그 누구도 제기하지 못한 것이 아쉽습니다. 이석기를 중심으로 한 세력의 입장이나 정치적 견해에 동조한다는 비난을 받을까 해서 그럴 수 있지만, 그래도 좀 더 용기를 내고 민주주의의 원칙이라는 기준에서 발언했어야 했다고 봅니다.

홍세화 녹취록에서는 이석기 의원이 모임에서 한 발언이 문제가 되었는데요. 통합진보당에서 이석기 의원이 당시 남북관계가 심각한 위기에 처해 있어서 1994년처럼 미국이 대북 전쟁을 도발할 수도 있다는 절박한 심정에서 그런 발언들이 나온 것이라고 했어야 했는데, 오히려 이정희 대표가 농담이었다고 하는 등 피해

가는 쪽을 택했습니다. 이런 식의 비겁한 대응은 적절치 않죠.
처음부터 분명한 입장을 밝혔어야 마땅했죠.

김민웅 말씀하신 대로 이정희 대표는 무기 사용 등의 말은 당시 모임
현장에서 나온 "농담"이었다고 해명했는데, 사람들에게 충격
과 실망만 안겨주었습니다. 그런 발언은 농담으로 나왔던 것
이나 농담으로 해서는 안 될 말이었다고 사죄하는 것이 옳았
다고 보는데, 그런 생각의 공간이 없었다는 것이 안타깝습니
다. 정당해산이라는 위기에 처한 현실에 대해 대중의 엄호가 별
로 없다는 것은, 자업자득의 측면이 있습니다. 통합진보당의
대응에도 분명 문제가 있었던 거지요. 그러나 설사 그렇다고
해도 이석기 사건을 녹취록 하나로만 범죄로 확정하려는 모습
이라 정당해산의 요건으로 제시한 내용들의 문제에 대해 침묵
하고 넘어갈 수는 없다고 봅니다. 아무튼 이런 난제에 대해 홍
선생님이나 저나 어떻게 풀어나가야 할지 좀 더 논의해 보도록
해보죠.

홍세화 이번 이석기 의원 사태에서는 여러 가지 생각을 하게 됩니다. 얼
마 전에 남북관계가 사회적인 화두로 떠오르자 여당의 대북 전
략을 비판하는 데 동조했던 사람이 이석기 사건이 벌어지자 자
기한테도 불똥이 튈까 걱정해 도망치는 것을 보면서 안타까웠
습니다.

김민웅 자신감도 결여되어 있고 대안에 대한 확신도 없는 결과겠지요. 그런 의미에서 저는 흔히들 '구약'이라고 부르는 히브리 성서에 등장하는 모세(Moses)에 주목하게 됩니다. 모세는 이집트 제국의 권력이 집중되어 있는 궁궐에서 지냈던 세월을 뒤로 하고, 모든 기득권을 놓고 목동이 되어 들판에서 양을 치고 무명의 인간으로 살아갔습니다. 그러다 제국의 노예로 고통을 받고 있던 이스라엘 백성들을 이끌고 이집트를 떠나 가나안 땅으로 가는 동안 빈곤과 갈증의 문제에 부딪치게 됩니다. 그때 사람들은 이집트에서 지내면서 먹었던 고기를 떠올리면서 노예로 살아도 좋으니 그 시절이 좋다고 하면서 모세에게 도전합니다. 그러자 그는 "젖과 꿀이 흐르는 땅"이라는 비전을 제시합니다. 한국 교회에서는 이를 풍요의 상징으로 해석하고 있습니다만, 고기를 먹고 싶은 이들에게 이러한 구호는 전혀 구미가 당기는 것이 아니었습니다. 모세는 누군가를 노예로 부리면서 피를 흘리는 삶이 아니라 평화적인 삶의 대안, 젖과 꿀이 흐르는 세상에 대한 꿈을 말한 것입니다. 이걸 온몸으로 받아들일 수 있는 새로운 인간, 새로운 역사적 체질을 길러내는 것이 광야의 40년이었습니다. 아마도 우리는 그런 세월을 겪고 있는지도 모르겠습니다.

홍세화 흥미로운 해석이네요. 기존의 사유를 뒤집는 의미가 깊습니다.

김민웅 고맙습니다. 결국 이런 노력들이 필요한 게 아닌가 생각합니다. 경제민주화도 단순히 자본주의가 성취한 열매를 함께 나눠 먹자고 이야기하는 데 그치면 안 될 것이라고 봅니다. 마틴 루터 킹(Martin Luther King)은 '아메리칸 드림'이 모두의 갈망이었을 때 "내게 꿈이 있다(I Have a Dream)"며 백인과 흑인이 한 식탁에서 같이 먹을 수 있는 세상을 바랐습니다. 그러자 말콤 엑스(Malcolm X)가 "너의 꿈은 나의 악몽이다(Your dream is my nightmare)"라는 말로 직격탄을 날렸죠. 말콤 엑스는 세상의 근본적인 문제들에 대해 생각하는 것이 중요하다고 보았습니다. '함께 앉으려는 식탁이 어떻게 만들어졌는지, 이 식탁 밑에서 누가 피를 흘렸는지를 생각하지 않는 식탁에 앉지 않겠다'고 한 거죠. 노예들의 피, 노동자들의 희생을 먼저 그치도록 하는 변화가 없이 어떻게 공동의 식탁에서 웃고 즐거워할 수 있는가라는 질문이었던 겁니다.

저는 우리 사회가 바로 이처럼 근본적인 질문, 본질적인 성찰을 피하려 들지 않는 변화가 필요하다고 믿습니다. 그건 지식인만의 몫으로 그치는 것도 아니고 정치인이나 언론인의 임무로 한정되는 것도 아닌, 모든 시민들의 일상 속에 존재하는 당연한 발상이 되어야 하지 않을까 합니다. 바로 거기에서 우리 정치 현실을 바로 잡아나가는 사회 윤리적인 힘이 솟아나온다고 생각합니다.

제2부

경제민주화,
99%를 위한
변화와 실천

경제민주화,
자본주의의 본질적인 문제부터 고민해야

김민웅 이제 나누게 될 이야기의 주제는 이른바 '경제민주화'인데요. 이 말을 들으면 사실 실소하게 됩니다. 우리 사회에서 '정치민주화'는 이미 된 것인가 하는 의문이 들기 때문입니다. 더군다나 민주화는 정치와 경제 전체를 유기적으로 엮어 풀어야 하는 과제가 담겨 있기 때문에, '정치민주화'와 '경제민주화'가 따로 가는 것도 아니고요. 정치에 의해 경제의 운명이 결정될 수밖에 없는데, 한국 자본주의 체제의 본질적인 변화는 별도로 하고 정책의 변화만 꾀한다면 모두에게 평온하고 좋은 결과를 얻을 수는 없을 것입니다. 한국 자본주의 체제를 근본적으로 변화시키는 노력을 지속적으로 하지 않고서는 실질적인 경제민주화를 기대할 수는 없습니다.

폴 스위즈(Paul M. Sweezy)가 미국 하버드대학에서 공부하
고 난 뒤인 1942년에 자본론을 정치·경제적으로 풀어 쓴《자
본주의 발전의 이론》(김민웅 교수는 이 책을 두고 '우측보행만 요
구하는 야만에 저항하고 그 야만의 궁극적 파산의 길을 어떻게 만들
어갈 것인지에 대해, 우리에게 이론적 열정과 후퇴 없는 역사인식을
마련해준다'고 평가했다. 폴 스위지는 이 책을 내고 60년 뒤인 2004
년에 숨을 거두기까지 현실에서 자본주의의 대안을 마련하기 위해
살아온 지식인이었다.)이라는 책을 썼는데요. 우리나라에서는
몇 년 전에 출간되어 제가 서평을 쓴 적이 있습니다. 여기에는
이런 말이 나옵니다. '기본적으로 자본주의의 구조적 문제를
본질적으로 고민하지 않는 정치는 결국 자본주의에 종속될 수
밖에 없다'는 것입니다. 따라서 경제민주화를 이야기할 때는
자본주의의 구조적인 모순을 반드시 이야기해야 하는데, 경제
민주화를 내세우는 이들이나 권력은 이 모순들을 빼놓고 경제
민주화를 하겠다고 말하니 무리가 있다고 봅니다. 요즘은 아
예 거론도 하지 않고, 언제 그런 말을 했느냐는 식이기까지 하
니 더욱 악성이 된 상황입니다.

홍세화 지금 말씀하신 것처럼 경제민주화라는 말 자체가 갖고 있는 배
경적인 측면을 고려해야 합니다. 우리 사회는 워낙 경제주의에
사로잡혀 있는데, 자본주의의 본질적인 문제를 개선하려 하지
않고 경제민주화를 실천한다는 것은 허상일 수밖에 없습니다.

이러한 허상만 좇는다면 정치적 자유를 꿈꿔왔던 그간의 노력들과 노동 운동까지도 배제시킬 위험이 있습니다. 자본주의의 본질적인 문제를 개선하려 한 시민사회 운동의 토대와 연계하지 않고 경제민주화를 이야기한다면 한계가 분명히 드러나겠지요. 이런 상태에서 외치는 경제민주화는 속살이 비어 있는 경제민주화에 불과합니다.

김민웅 옳으신 말씀입니다. 정치인들은 자신들이 경제민주화의 한계를 피상적으로 제기하고 있는 것은 아닌지를 고민하고, 본질적인 문제들을 놓고 경제민주화를 생각해야 합니다. 노동자를 배제하지 않고 자본가의 독점을 막으며 건강한 삶을 만들어야 하는데, 경제에 대한 기본인식조차 왜곡되어 있는 상황이라고 할 수 있을 겁니다.

가령 뉴딜 정책에 대해 우리는 대체로 다음과 같이 이해하고 있습니다. '경제가 어려워지자 국가의 재정을 풀어서 실업자를 구제하고 수요를 늘려 경기를 회복하는 것이다'라고요. 1930년대에 미국에서 뉴딜 정책이 이루어지기 전까지 몇 년간의 과정도 이해해야 합니다. 미국 정부는 국가 재정을 푸는 것과 기업으로 하여금 노동자를 해고하지 않도록 하는 장치를 서로 연동시켜 정책을 마련하면서 약자들을 위한 사회적 안전망을 구축했습니다. 다시 말해서 노동자를 보호하는 복지와 사회적 안전망, 노동자를 위한 법률과 제도를 구축한 것, 그리고

정치적 자유까지 억압하는 최근 상황에서 경제민주화는
이루어질 수 없습니다.

그에 필요한 국가의 재정 지원이 결합된 것이 뉴딜 정책의 핵심
입니다.

그런데 우리나라에서는 이러한 맥락을 이해하게 하지 않고
뉴딜 정책의 한 가지 측면, 그러니까 정부의 재정 확대 정책에
대해서만 초점을 맞추는 것이지요. 게다가 그것도 누구를 위
한 재정인지를 명확히 하지 않고 있는 겁니다. 실제로 뉴딜 정

경제민주화를 이야기할 때는 자본주의의 구조적인 모순을
반드시 이야기해야 하는데, 경제민주화를 내세우는
이들이나 권력은 이 모순들을 빼놓고 경제민주화를
하겠다고 말하니 무리가 있습니다.

책이 이루어지기까지 노동자들의 치열한 문제제기가 몇 년 동
안 이어졌습니다. 대공황 이후 직장과 집을 잃은 사람들은 도
처에서 수 년 동안 시위를 벌였고, 루즈벨트가 그 목소리에 귀
를 기울인 결과가 바로 뉴딜 정책입니다. 물론 루즈벨트가 착
해서 뉴딜 정책을 펼친 것은 아니지만 노동자들의 요구를 담
아내지 않고서는 정치를 할 수 없다는 교훈을 줍니다. 미국의

진보 진영은 노동자를 위한 정책이 실행되도록 법제화를 추진
했고, 노동자의 권리를 사회적으로 지켜내고 복지를 제도화시
키기 위해 노력했습니다. 따라서 노동자의 요구를 담아내는
국가의 재정 정책이 필요합니다. 그런데 이 나라는 노동자의
요구를 반영하는 정책에 대해 '좌빨', '종북'이라는 식으로 매
도합니다. 철저하게 '배제의 논리'가 관철되고 있는 것입니다.

홍세화　저 역시 경제민주화라는 말을 들을 때마다 그렇다면 우리 사
회에 정치민주화는 이루어져 있는가 하는 질문이 고개를 쳐들
곤 합니다. 한국 사회에서 일어나는 현상을 살펴보면 노동자
들이 외환위기 이후 정리해고를 당하고 비정규직 노동자로 전
락하게 되었는데, 제가 볼 때 정치가 이러한 문제에 관해 구체
적으로 논하지 않은 채 정치로 남아 있을 수 있는, 다시 말해
참된 정치가 없는 정치가 정치로 자리 잡힌 게 가장 심각한 문
제라는 것입니다.

　이런 문제에 관해 모리스 블랑쇼(Maurice Blanchot, 프랑스의
소설가이자 평론가. 《수수께끼의 사나이 토마스》 등 철저한 반 사
실주의적 소설로 주목을 받았다. 평론집 《불꽃의 문학》(1949), 《문
학공간》으로 현대비평의 특징인 '심부의 비평'의 대표적 존재가 되었
다.)는 정치의 본질적 타락이라고 말하기도 했는데요. 정치가
본질적 타락에 빠지지 않도록 해야 할 텐데요. 그런 토대 위에
서 정규직과 비정규직의 임금 격차가 갈수록 벌어지는 등의 문

제에 관심을 가져야 경제민주화가 비로소 이루어질 것인데, 불평등한 노동의 질서는 그대로 둔 채 가시적으로 드러날 수 있는 문제들만 개선하려 하고 있습니다. 일부 대기업 총수의 비자금을 수사하고, 전두환에게 추징금을 받아내는 것이 마치 경제민주화의 전부인 냥 행동하는 것이지요. 요즘은 정치민주화도 퇴행하고 있는데, 이러한 흐름을 가리기 위해 가시적인 이슈만 만들고 있는 것이죠. 전교조와 시민사회단체에 대한 여당의 탄압은 정치민주화의 퇴행이라고 분명히 말할 수 있습니다. 경제민주화는 허언일 따름이지요. 정치적 자유까지 억압하는 최근 상황에서 경제민주화가 이루어질 수 없는 건 너무나 당연한 일이니까요.

사회 복지, 증세 때문에 힘들다고?

김민웅 그렇습니다.

또 다른 예를 들어보죠. 정치인들 사이에 복지 논쟁이 벌어질 때 증세를 언급하곤 하는데요. 증세라고 하면 흔히 가계의 부담이 늘어나는 것으로 생각하잖아요. 증세를 하면 필연적으로 세금이 느는 만큼 가계의 부담이 늘어나니까요. 총지출의 증가지요. 하지만 복지는 총지출에서 개인적으로 부담했던 주택, 의료, 교육 등의 비용을 줄여주는 거 아닙니까? 복지는 사회적 부조라고 할 수 있는데 이를 통해 자신이 사용할 수 있는 돈의 여유를 만들어주는 것이기도 합니다. 세금의 측면에서만 생각하면, 증세하게 되면 분명히 개인에게는 부담의 증가라고 여겨지지만 복지 문제를 생각하면 이익입니다. 개인이 사적으로 해결해야 했던 것들을 복지재정으로 해결해 주니 증세가 곧 총지출의 증가는 아닙니다. 물론 계층에 따라 총지출에서 감소하게 되는 비율은 달라지겠지만 정치인들이 이 이야기를 안 하고 있으니 문제이죠. 증세가 부담의 증가라고 설정하는 논리는 복지와 상관없습니다.

예를 들어, 아주 간단하게 말해 보자면 100만 원의 수입이 있는 사람이 지금까지 10만 원의 세금을 냈다가 20만 원의 세금을 내면 당연히 증세의 부담이 커집니다. 그런데 주택, 의료, 교육에 지출했던 비용이 각기 10만 원으로 총 30만 원이었는데, 이것이 만일 복지혜택에 따라 반으로 준다면 15만 원이 되고 세금까지 포함해서 35만 원이 되겠지요? 그러면 기존의 40만 원보다 5만 원의 부담이 줄어듭니다. 당장 병원 갈 일이 없으니 의료복지 혜택을 받지 못한다고 해도 언젠가는 자신의 차

례가 오기 마련이고, 그건 복지라는 사회적 부조를 존속시키는 비용인 세금을 내는 것으로 가능해집니다. 세금을 더 내고 더 많은 사회적 혜택을 누리게 되면 중요한 삶의 변화가 오게 됩니다. 이것이 바로 복지가 아닐까요?

그런데 여당은 복지와 증세 논쟁이 벌어지면 세원마련을 위한 세제 정책의 논의를 원천적으로 봉쇄하고 있습니다. 부자감세에 대한 비판 등이 벌어질 것을 우려하는 것이지요. 지난 대선 때 여당은 많은 복지 정책을 내놓았지만 필연적으로 그것을 실행에 옮기도록 해주는 증세 부분에 대해 구체적으로 대답하지 못했습니다. 당연한 이야기겠지만 복지를 위해 부자 증세가 필요하다고 하면 큰일 난다고 여기고 있기 때문이지요. 복지는 정치적 인기를 위해 내세우고 그걸 실천할 방법은 모색하지 않는 이중성을 보이고 있습니다.

홍세화 경제민주화를 실천하기 위해서는 어디에서 재원을 마련하느냐가 문제이고, 증세는 피할 수 없겠죠. 경제민주화는 기본적으로 분배와 재분배와 관련되는데, 우선 분배 문제는 노동 문제와 관련된 것입니다. 어떻게 생산물을 사회계층별로 분배해야 하는가를 고려해야겠죠. 버스 기사든 공장 노동자든 대학 교수든 계층에 따라 되도록 평등하게 나누는 것이 일차적인 분배의 문제라면, 일단 분배한 것의 일부를 세금을 통해 다시 거둬들인 후 사회계층별로 재분배해 주는 것이 이차적인 분배, 즉 재분배라고 하겠지요. 결국 분배가 거의 노동 문제와 연결된다면 재분배는 복지 정책과 연결되겠지요.

그런데 우리 사회는 분배와 재분배 둘 다 제대로 이루어지지 않고 있습니다. 보수 세력은 지금의 경제 위기 상황이 우리나라 노동자의 낮은 노동생산성 때문에 비롯되었다고 말하며, 노동자들에게 분배도 재분배도 제대로 하지 않으려 합니다. 예컨대, 자본의 위기가 노조 활동을 벌이느라 생산성을 떨어뜨린 노동자 때문에 비롯되었다고 말하며, 노동자에게 책임을 전가시키기도 합니다. 그래서 노동자의 실질적인 임금이 갈수록 줄어들고 빈부격차가 커지고 있는 것입니다. 그리고 복지에서 중요한 것은 국민부담율인데, 한국 사회에서 세금과 공적 부조를 통한 소득 재분배율은 약 26퍼센트에 머물고 있습니다. 우리가 흔히 복지를 이야기할 때 북유럽 국가들을 자주 언급하는데, 그 나라들은 일차 분배도 계층에 따라 큰 차이가 없지요. 오랜 사회 투쟁을 해온 결과 노동조합의 힘이 강하며, 어렸을 때부터 노동 교육이 탄탄히 이루어진 결과입니다. 그래서 노르웨이 같은 경우 버스 기사와 공장 노동자, 대학 교수의 소득이 큰 차이가 없습니다. 즉 분배가 원활히 이루어지고 있는 것입니다.

분배상에 편차가 큰 나라에서는 재분배를 통해 많이 교정하지요. 가령 스웨덴은 계층 간 소득 편차는 유럽의 다른 나라에 비해 높은 편이지만 재분배율이 아주 높습니다. 스웨덴의 경우

해에 따라 조금씩 달라지지만 재분배율이 47퍼센트에 이르기
도 합니다. 이에 비해 우리는 재분배율이 26퍼센트밖에 안 되
는데, 여기에서 국방비 등을 쓰고 있습니다. 피에르 부르디외
(Pierre Bourdieu)가 말한 '국가의 오른손' 비용이 너무 많이
들어가고 있습니다. 부르디외는 국가에게는 오른손과 왼손이
있다고 했습니다. 국가의 오른손은 국민을 관리하고 통제하
는 기능이고, 왼손은 국민을 위한 교육과 복지 등의 기능입니
다.(부르디외는 국가를 시장권력에 의해 포섭, 관리되는 국가의 오
른손〔경제 부처, 고위 관료〕과 국민의 복지를 위해 지출하는 국가의
왼손〔노동, 의료, 교육, 복지 등〕으로 나누었다. 하지만 한국 사회
에서는 고용노동부나 노동청과 같은 노동자를 편들어야 할 기관들
도 흔히 기업들의 편을 들어왔다. 기륭전자 사태 때 고용노동부는
불법파견이 문제가 된 사측에게 '벌금 몇 백만 원만 내면 그들을 해
고해도 법적으로 문제가 없다'는 사실을 친절하게 안내해 주었고,
삼성전자 반도체공장에서 일하다 백혈병으로 사망한 노동자의 가
족들이 노동청에 산재를 신청하자 해당 공무원은 '삼성이 어떤 기업
인데 그런 일을 합니까? 삼성과 싸워 이길 수 있을 것 같습니까?'라

고 말했다.)

　그런데 우리의 경우 국가의 오른손과 관련된 비용에 일차적으로 재원을 충당한 뒤에야 왼손의 기능을 행하고 있습니다. 국방비와 정보, 경찰의 치안 비용, 고위관료 등에 들어가고 남은 돈이 교육과 복지에 들어갈 수 있으니, 스웨덴 같은 나라에 비해 사회복지 지출이 4분의 1에 불과하며 OECD 국가 중에서 가장 낮은 것입니다. 분배와 재분배가 원활히 이루어져야 하는 것이 우리 사회의 과제입니다.

사회 양극화를 줄이기 위한 방안은?

김민웅 스웨덴의 올로프 팔메(Olof Palme, 스웨덴의 사민당 소속의 정치가이며 두 차례 총리를 역임했다. 스웨덴의 보편적 복지 정책을 발전시키는 데 기여했다. 또한 중립적 외교 정책을 펼치며 아프리카 등 제3세계를 대변하는 데 노력했다.)와 같은 정치지도자의 노력이 그래서 소중하지요. 1986년에 암살당한 그의 삶이 이런 기회에 우리 사회에서도 깊이 조명되었으면 해요. 그를 진보정치인으로 만든 것은 역설적이게도 미국 아니었습니까. 미국의 사회주의자 마이클 해링턴(Michael Harrington, 자본주의 사회의 빈곤 문제에 대해 관심을 가지고, '가난한 사람들은 사회의 지배문화와 질적으로 다른 하위문화에서 산다'는 이른바 빈곤문화론을 주장했다.

오늘날 독점과 독과점을 일삼는 거대 자본가들은
'시장의 자유'라는 말 아래서 자신들의 기득권을
유지하려 합니다.

이런 빈곤문화가 태도와 가치, 행동 등의 차이를 만들어내고 사회화
과정을 거치면서 세습된다고 설명했다. 그 결과, 가난한 사람들은
빈곤을 당연한 것으로 받아들여 체념 상태에 빠지게 되는데, 마이클
해링턴은 이러한 문제를 《The other America》이라는 저서에서 적
나라하게 파헤쳤다.)이 신랄하게 비판했던 미국 자본주의 사회
의 암울한 이면을 그가 실제로 목격하면서 정치적 입장을 확고
히 정리한 거지요. 자본이 중심이 되어 시장의 독점 체제를 구

축하고 노동자를 배제하는 것이 신자유주의 체제가 아니겠습니까? 그 신자유주의도 요즘은 세계적으로 대세가 좀 꺾인 편이기는 하지만 여전히 주도권을 쥐고 있습니다. 우리 사회에서 사회적 양극화가 심한 상태에서 신자유주의가 진행되다 보니, 소외당하고 배제당하는 사람들이 더 늘어나게 되는 것 같습니다. 이러한 체제를 해체하는 것이 정치의 역할인데, 도리어 그걸 강화하고 있는 형국입니다. 그리고 현실을 보면 신자유주의가 사회적 양극화를 가져온 것이라기보다는, 사회적 양극화를 정치적으로 설정해 놓고 신자유주의가 가속화되고 있습니다. 부자들에게는 먼저 좋은 것을 다 몰아주는 양극화 정책이 기초가 되고 있는 것이지요. 마르크스주의 지리경제학자인 데이비드 하비(David Harvey, 《맑스 '자본' 강의》와 《자본이라는 수수께끼》 등의 저서를 썼다. 《자본이라는 수수께끼》는 최근 경제 위기에 대한 해부로 시작한다. 하비는 경제 위기가 1990년대를 통해 미국 등의 지역에서 발생했던 부채 누적 현상에서 비롯됐다고 본다. 그는 장기 호황 이후 하락한 이윤율에 대한 대응으로 이런 일이 발생했다고 말하며, 자본가들이 노동자들을 희생해 수익성을 회복시키려 한 것을 비판했다. 이것은 소비가 부채를 통해서만 유지될 수 있었다는 것을 의미한다. 하비는 자본주의에서 왜 위기가 발생하는지를 설명하고 어떻게 자본주의가 발전했는지를 살핀다. 그는 이 책의 마지막 장을 '무엇을 할 것인가? 그리고 누가 할 것인가?'라는 러시아 혁명가 레닌의 문구를 인용하며 끝낸다.)가 신자유주의는 부르주아 계급의 정치적 패권을 복구, 강화하는 체제라고 한 것은 핵심을 찌른 통찰입니다.

우리는 아담 스미스(Adam Smith) 하면 자유주의 경제 체제를 우선 떠올리는데요. 그의 《국부론》을 읽으면서 우리가 놓치지 말아야 할 부분이 있습니다. 아담 스미스는 '시장의 자유'를 이야기하면서 시장에서 독점과 독과점 구조를 철저히 비판했습니다. 아담 스미스가 말한 자유로운 경쟁은 공정한 경쟁의 의미입니다. 정부가 거대한 자본에게 특권을 주면서 정경유착의 구조를 유지시키는 시장개입 정책은, 새로운 생산력을 가진 이들을 시장에서 배제하게 되고 결국 국민 전체의 부를 가져오는 데 장애가 된다고 한 것입니다. 그는 정부의 시장개입이 사실은 특권적 상인계급을 위한 것이라고 보았고, 이것을 풀어야 새로운 생산력이 발전할 수 있다고 여긴 것입니다.

그런데 오늘날 독점과 독과점을 일삼는 거대 자본가들은 '시장의 자유'라는 말 아래서 자신들의 기득권을 유지하려 합니다. 아담 스미스의 논리와는 정반대입니다. 그렇게 해놓고는, 노동이 문제를 제기하고 저항하면 정부는 시장에 개입해서 이들을 억누르라고 요구합니다. 결국, 마르크스가 말했던 대로 정부 또는 국가를 자신의 계급적 이해를 관철하기 위한 위원회 정도로 취급하고 있는 겁니다. 이들에게는 애초부터 공정성이라든가 아담 스미스가 그토록 강조한 도덕적 감성, 윤리적 사유라는 것은 존재하지 않습니다.

박근혜가 이야기하는 '국민행복 시대'는 허울뿐인
것입니다. 정말로 국민이 행복한 나라가 되려면
분배와 재분배를 어떻게 균형 있게 이룰 것인지를
고민하고 실천해야 하는데, 이러한 고민과 실천은
배제한 채 그럴 듯한 말들만 내놓고 있으니
한심합니다.

홍세화 자본이 갈수록 지배적인 위치를 차지하고 있는 게 우리가 처한
현실입니다. 공공의 것을 늘려 나가면서 사회적 양극화를 해결
해야 하는데, 공공의 것을 늘려 나가지 않고 신자유주의 아래
사적인 것이 더욱 커지는 상황에서 우리는 불안에 떨고 있습니

다. 자본주의 사회에서 현대인이 느끼는 불안은 크게 다섯 가지를 꼽는데, 교육과 양육, 주거 공간, 건강 유지, 노후 대비, 노동자로서 일자리를 가질 수 있는가와 관련된 불안입니다. 공공의 것이 이미 다른 나라들보다 부족한 상황이었는데, 갈수록 더 위축되는 흐름 속에 있으니 사회구성원들의 불안은 더 커질 수밖에 없는 것이지요.

그런데 박근혜 정부가 말하는 경제민주화가 이러한 불안들을 없애주게 할 만큼 실속 있는 것이라면 괜찮겠지만 그러지도 못한데 그나마 실행에 옮기지도 않습니다. 지난 대선 때 박근혜가 공약한 노령기초연금과 공공임대주택확충, 대학반값등록금 등이 그 좋은 예입니다. 하지만 이것들이라도 실천하기 위해 어떻게 할 것인지에 대한 구체적인 방법들을 내놓지 못하고 있습니다. 다시 말하지만 우리나라는 다른 나라에 비해 공공의 것이 너무 부족한 상태입니다. 양극화가 심한 상태에서 국가가 아닌 개인이 모든 문제를 해결해야 하므로, 가족 이기주의가 심해졌습니다. 나와 내 가족만 잘살면 된다고 생각하는 것입니다. 따라서 박근혜가 이야기하는 '국민행복 시대'는 허울뿐인 것입니다. 정말로 국민이 행복한 나라가 되려면 분배와 재분배를 어떻게 균형 있게 이룰 것인지를 고민하고 실천해야 하는데, 이러한 고민과 실천은 배제한 채 그럴 듯한 말들만 내놓고 있으니 한심합니다. 이러한 거짓말이 한국 사회에서 용납되고 있느니 안타깝습니다.

김민웅 더는 용납되게 해서는 안 되도록 해야겠지요. 공공성을 파괴
하는 가장 중요한 경제 정책이 바로 민영화가 아니겠습니까?
민영화가 거대자본에 의한 사유화(privatization)라는 의미를
가지고 있기 때문입니다. 민영화는 흔히들 민간이 경영하는 방
식이라고들 알고 있지만 여기에는 '자본에 의한 공공재산의 사
유화'라는 본질이 내포되어 있습니다. 민영화라는 말 자체가
사실 이미 기만적입니다. 미국의 경우 오바마 정부는 의료보험
문제로 골머리를 앓고 있습니다. 병원과 보험회사, 법률시장의
변호사들이 오바마 정부가 추진하려는 전 국민 의료보험 제도
를 치열하게 봉쇄하고 있습니다. 이들은 의료 시장을 사유화
할 수 있는 정책을 추구하기 때문입니다. 의료보험 제도가 도
입되면 필연적으로 이들이 사유화할 수 있는 토대가 줄어들게
되고 더 나아가서는 복지재원 마련을 위한 부자 증세를 피할
수 없게 되므로, 의료보험 제도를 철저히 반대하는 것입니다.

우리의 경우, 영리병원의 확대라든가 철도, 전기, 공항 등 공
공서비스의 중심을 민영화 정책에 따라 거대자본에게 넘기고
공공성을 파괴하려는 일들이 도처에서 벌어지고 있는 상황입니
다. 2013년이 마무리되는 시점에서 발생한 철도민영화 저지 파
업은 공적 자산을 지켜내기 위한 중대한 운동입니다. 철도나 의
료보험 제도 같은 것이 한번 거대 독점자본의 사적 소유로 되
면, 이윤추구라는 목적 아래 공공 서비스는 훼손되고 다수의 대
중들은 시장 논리에 따라 희생되고 맙니다. 더군다나 초국적

자본이 이런 공공성을 좌지우지하면 향후 어떤 진보적 정권이 들어서도 공공서비스 확대를 위한 정책을 실현하기 어려워지고 맙니다.

이러한 현실을 인식하기 위해서는 교육이 중요한 것 같습니다. 홍 선생님께서는 자본주의 현실을 바꾸기 위해서는 노동에 대한 교육도 중요하다고 하셨는데요. 정말이지 어릴 때부터 노동의 역사에 대한 교육도 필요하다고 생각합니다. 세계적인 법철학자 마사 누스바움(Martha Nussbaum)의 책 《공부를 넘어 교육으로》는 바로 그 점을 강조하고 있더군요. 노동에 대한 교육은 인간이 인간되기 위해 필요한 핵심적 조건이라는 겁니다. 멋진 말이었어요. 《마르크스와 함께 A학점을》이라는 아주 구미가 당기는 제목을 가진 버텔 올먼의 책에는 이런 대화가 담긴 만화 한 장면이 실려 있습니다. 두 사람이 만나 한쪽이 이렇게 시작합니다.

"방금 저 사람에게 뭐라고 했나?"

"더 빨리 일하라고 했어."

"임금을 얼마나 주지?"

"하루에 15달러."

"그 돈은 어디서 나오나?"

"제품을 팔아서지."

"그 제품을 누가 만들지?"

"그가 만들잖아."

"하루에 몇 개 만들어?"

"50달러어치."

"그렇다면 자네가 그에게 봉급을 주는 게 아니라 저 친구가 자네에게 하루에 35달러를 주는 거로군. 자기한테 더 빨리 일하라고 말해 주는 대가로 말일세."

"뭐? 하지만 기계들이 내 것이잖아?"

"이 기계들을 어떻게 장만한 건데?"

"제품을 팔아서 샀지."

"그렇다면 누가 그 제품을 만들었지?"

"그만하게…… 저 친구가 듣겠어."

이 이야기는 이윤 창출의 기본 주체가 노동자가 아닌 자본가라고 보는 관점을 풍자하고 있습니다. 이 이야기를 통해 우리는 자본주의와 노동에 대한 교육이 중요하다는 것을 알 수 있습니다.

그런데 자본주의와 노동에 대한 교육이 제대로 이루어지지 못하면서 노동자들이 자신의 권리를 내세우는 것을 범죄시하고 있고, 이들과의 연대가 불온한 일인 것처럼 만들고 있습니다.

경제민주화,
근본적인 문제들부터 해결해야 가능하다

홍세화 지금 말씀하신 것을 좀 더 연결해 말하고 싶습니다. 저는 프랑스에서 한국으로 귀국했을 때 이런 느낌을 받았습니다. 한국 사회의 사회구성원들은 내가 속한 사회를 보듬어야 한다는 사회적 책임감이나 의식이 부족한 듯합니다. 사회보다는 나 자신의 이익이 지나치게 우선되는 것이지요. 게다가 박정희 정권 이후 사회 문제보다는 국가 경제가 우선이라는 생각이 학교 교육을 통해 우리에게 주입되었습니다. 이러한 상황에서 삼성이 세계 반도체 시장의 몇 퍼센트를 점유하고 있다는 성과만 강조하고 있으므로, 삼성의 사회적인 잘못은 용서받고 있습니다.

삼성뿐만 아니라 우리 개개인도 이익을 많이 낼 수만 있다면 다른 사람에게 피해를 주어도 괜찮다고 생각합니다. 아리스토텔레스(Aristoteles)는 '인간은 사회적 동물이다'라고 했는데, 한국 사회의 구성원들은 얼마나 많이 벌고 소유할까만 생각하기 때문에 사회적 동물이 아니라 경제적 동물에 가까운 듯합니다. 경제가 우리의 의식까지 지배하고 있기 때문입니다. 1960년대에 일본 경제가 가파르게 상승하는 것에 자극을 받으면서 우리는 경제 우선주의에 사로잡히게 되기도 했지만 GDP 수치에 사로잡히는 GDP 민족주의나 거칠게 말하면 GDP 인종주의에 빠져들게 되었습니다. 그로 인해 사회구성원 각자가 사회를 보듬으려는 의식이 약해졌습니다.

프랑스를 예로 들어보죠. 프랑스 대통령은 신년이 되면 대기업 자본가보다는 노동자 단체를 제일 먼저 초청합니다. 하지만 우리는 노총 대신 전경련을 비롯한 경제 5단체를 초청합니다. 프랑스 정부 부처의 성격도 우리와는 좀 다릅니다. 프랑스에서는 우파 정권이 집권하더라도 경제 부문 장관은 우파에 맡기지만 사회 노동 부문 장관은 좌파에게 맡깁니다. 사회 노동 부문은 좌파가 적임자라고 생각하기 때문입니다. 그런데 우리는 어떻습니까? 고용노동부 장관이 철저히 노동자를 통제하고 있지 않습니까? 노동자의 고충을 헤아려야 할 부처의 장관이 정치권력의 하수인 노릇을 하고 있습니다. 결과적으로 한국 사회는 경제와 사회 문제 중 경제를 절대 우선으로 하고 있기 때문에 근본적으로 문제가 있다고 봅니다. 이러한 근본적인 문제를 해결하지 않고서는 경제민주화를 이루기 어렵겠지요.

김민웅 홍 선생님께서 근본적인 문제점을 말씀해 주셨는데, 근본을 생각하면 공화정에 대한 이야기를 할 수밖에 없는 것 같습니다. 공적 영역에 대한 정치적인 판단과 사회적인 의식이 공화정이라는 틀 속에서 어떻게 구현될 것인지가 중요합니다. 정치인들이 경제민주화를 이야기하려 한다면, 사회구성원들을 위한 경제민주화의 토대를 어떻게 마련할 것인가에 대한 공적인 관심과 더불어 정책을 공공 영역으로 소화할 수 있는 능력이 중요한 것 아니겠어요? 공화제(republic)라는 말 자체도 공공성을 전제로 하고 있으니까요.

그런데 우리의 경우 역설적이게도 공화제를 파괴한 것은 박정희 정권의 공화당이었어요. 당 이름에는 공화를 써놓고 실제로는 그걸 부숴버린 거지요. 그러니 공화제에 대한 정치 철학적 사유가 약해지고 그것에 대한 우리의 관심이 사라질 수밖에 없었습니다. 결국 우리에게는 공화제의 뿌리를 어떻게 마련할 것인지가 과제로 주어졌는데요. 공화제에 대한 자본의 사유화를 막기 위해서는 공화제의 근본을 바로 세워야 합니다.

그런데 이에 대한 논의가 빈곤해지면서 증세에 대한 논의도 빈곤해졌습니다. 누진세와 부자 증세를 이야기할 때 버는 것만큼 많이 내야 한다는 논리에만 그친 듯합니다. 저는 그렇게 생각하지는 않습니다. 상식적으로 생각하더라도 공공재를 쓰는 만큼 내야 하는 게 정상이잖아요. 기업이 돈을 버는 과정에서 개인보다 더 많은 공공재를 쓰게 되니까요. 예를 들어, 기업이 직원을 채용할 때도 공공 시스템이 길러낸 인재를 뽑는 것이잖아요. 그리고 도로, 교통, 통신 등 우리 국민들이 낸 세금으로 만들어진 공공재를 더 많이 사용하고 있으니, 이에 대한

> 공화제에 대한
> 이해가 높아지고
> 공적 시스템에 대한
> 사회적인 의식이
> 성숙된다면, 자본과
> 노동의 문제가
> 해결될 수 있습니다.

부담을 져야 하는 것이 당연합니다. 버는 만큼 내야 한다는 차원을 넘어 공공재를 쓰는 만큼 부담을 져야 한다는 논의가 이루어지지 않으니 안타깝습니다. 공화제에 대한 이해가 높아지고 공적 시스템에 대한 사회적인 의식이 성숙된다면, 자본과 노동의 문제가 해결될 수 있습니다. 그렇지 않으면 공공재와 관련된 비용을 마련하기 위해 힘없는 보통의 국민들에게만 세금을 부담시키고 전가하는 정부의 잘못이 용인될 것입니다. 《거대한 전환》을 쓴 칼 폴라니(Karl Polanyi, 칼 폴라니는《거대한 전환》을 통해 자본주의 체제가 가지고 있는 불안정 요인을 밝혀냈다. 그는 자본주의가 상품화할 수 없는 것들 또는 상품화해서는 안 되는 것들을 상품화했기 때문에 그 자체로 불안정 요인을 가지고 있다고 주장했다. 인간이 인간일 수 있게 하는 가치인 노동 능력을 상품화하고, 화폐와 자연까지도 상품화함으로써 필연적으로 불안을 발생시킬 수밖에 없다는 것이다. 세계금융위기가 지속적으로 반복되고 신자유주의 경제 체제가 한계에 부딪히면서, 신자유주의 경제 체제를 넘어설 수 있는 대안 경제 이론으로 폴라니의 이론이 각광받고 있다.)가 시장이 사회를 지배하는 것이 아니라 사회가 시장을 지배해야 한다고 말한 것도 이와 같은 맥락입니다.

홍세화 영어로 '공화국(republic)'은 '공적의 것'을 뜻하는 라틴어 '레스 푸블리카(res publica)'에서 나왔죠. 고대 로마에서는 국가의 핵심을 공공성이라고 보았기 때문에, 공화제가 나오게 된 것이죠. 지금도 로마에 남아 있는 수로는 국가가 국민에게 물을 공급하기 위해, 즉 국가의 공공성을 지키기 위해 만든 것입니다. 좀 전에 박정희의 공화당을 말씀하셨는데, 1948년에 정부가 수립되고 '대한민국은 민주공화국이다'고 선포되었지만 우리는 공화제를 획득하기 위해 싸운 적이 거의 없었고, 공화국이 된 이후 교육도 제대로 이루어지지 않았습니다. 왜 그렇게 되었을까요? 공화당 정권이 들어서서 문제이기도 한데, 한국전쟁에 의해 분단 상황이 지속되고 친일파 세력을 청산하지 못했기 때문입니다. 그야말로 공익을 우선하는 사람들이 정치를 해야 하는데, 사적인 이익을 우선해 민족이라는 '공동체'를 배반한 세력이 실제적인 지배 세력이 되었기 때문에 그리 되었던 것입니다.

대한민국 헌법 제1조 1항은 '대한민국은 민주공화국이다'인데, 1948년 대한민국이 건국된 이후 처음부터 제대로 된 민주공화국이 들어선 적이 없습니다. 많은 사람들이 이 상황을 가리켜 '첫 단추를 잘못 끼웠다'고 말하는데, 저는 '옷을 뒤집어 입었다'고 말하곤 합니다. 이런 상황이 60여 년이나 지속되었는데 한 번도 이 흐름이 크게 뒤바뀐 적은 없죠. 자유주의 정당(민주당)이 집권했을 때 10년 동안 이 흐름이 약간 바뀌게 된 정도였죠. 그런데 지배 세력들은 그 10년을 '잃어버린 10년'이라고 이야기하고 있으니, 이것이 바로 한국의 현실이죠. 따라서 지금 지배 세력이 이야기하는 경제민주화는 한계가 있을 수밖에 없습니다. 경제민주화는 공공성을 확보해야 가능한데, 저들에게는 이러한 의지가 전혀 엿보이지 않습니다. 하지만 그렇다고 희망을 저버려서는 안 되겠죠. 우리가 원하는 진정한 경제민주화를 가능하게 하기 위해서는 저들의 허구성을 끊임없이 비판적인 눈으로 읽어내는 힘을 길러야 하겠죠. 그래야 그들의 허구성이 무력화되겠죠.

김민웅 친일파의 문제에 대해 말씀해 주셨는데, 친일파를 뿌리로 해서 힘을 쌓은 것이 공화당이잖아요. 친일파들이 모여 있는 정당이 공화당이었으니까, 이들의 머릿속에 공화정에 대한 갈망이나 의지가 있을 턱이 없지요.

홍세화 그렇죠.

김민웅 이 친일파를 역사적인 뿌리로 해서 서 있는 것이 박근혜 정권이잖아요. 그러니 이들이 가지고 있는 역사의식이라는 것이 친일파의 연장이고, 그런 까닭에 이들이 밀고 있는 역사교과서는 일본의 "침략"을 "진출"로, 의병 "학살"을 "소탕과 토벌"로 적고 있고, 쌀 "수탈"을 "수출"로 둔갑시키는 것이 아무렇지도 않은 것이지요. 공동체에 대한 책임, 공공성에 대한 성찰, 공화제에 대한 염원 등은 전혀 없고 자기들의 이익을 지켜내려는 생각밖에 없습니다. 자기 민족공동체가 겪은 피해와 상처, 아픔에 대한 공분이 없는 거죠. 이런 자들이 중심이 된 지배 세력이 공화정의 주체가 되는 것은 근본에서부터 불가능한 것 아니겠습니까?

그런데 우리 자신은 또 어떤가 보면 앞서도 말했습니다만 공화정에 대한 논의와 사유가 부족했다는 생각이 듭니다. 우리가 민주화 투쟁을 해왔고 그 과정에서 정치적 자유에 대한 열망이 커지게 되었지만 공화정에 대한 사유의 확산이나 공공성에 대한 철학적 논의, 공적 영역을 지키는 일에 대한 정치의 창출은 빈곤했던 거지요. 그래서 자본이 노동을 배제하고 착취하는 방식으로 국가를 구성하는 방식에 대항하는 힘이 약해진 것이 아닌가 싶어요.

우리가 흔히 쓰는 말 중에 노블리스 오블리제(noblesse oblige)라는 말이 있잖아요. 이 말은 사회적으로 지도층의 입장에 있으면 사회에서 혜택을 받은 만큼 사회를 위해 기여를 해야 한다는 말로 쓰이잖아요. 그래서 자신이 누리고 있는 기득권의 일부를 사회에 기부하거나 헌납 또는 희생을 감수하는 자세를 일컫지요. 그런데 우리 사회에서는 "너, 그 정도 수준이면 이건 좀 해야 하잖아?" 하는 책임에 대한 요구로 이해되고 있지요. 원래 덕이라는 영어의 'virtue'는 라틴어로 'virtus'인데, 이 말은 로마에서 '군사적 용기'와 '정치적 덕'으로서의 의미를 가졌습니다. 그 사회의 지배계급이 가지고 있는 덕성을 표현할 때 이 virtus라는 단어를 썼는데, 이걸 가지고 있는 사람들의 책임이 바로 노블리스 오블리제였습니다. 이때 노블리스 오블리제라는 말은 "이만한 위치에 있으니까 이 정도는 해야 하지"

라는 뜻이 아니라, "네가 장군(혹은 정치인, 지식인)이 된 이유는 바로 이 책임을 다하려는 데 의미가 있다"를 말하기 위해 쓰였습니다. 즉 그들의 사회적 존재가 지녀야 할 덕성이 드러나도록 하라는 사회 윤리적 요구였습니다. 이것이 공화제와 연결되면, 네가 장군(혹은 정치인, 지식인)이 된 것은 공화제의 공공적 책임에 기여하기 위해서라는 점, 즉 공공성에 대한 지도층의 당연한 도덕적 의무를 강조한 것입니다.

이처럼 공적 영역의 중요성을 인식해 생겨난 말이 노블리스 오블리제인데, 우리 사회에서는 이 말을 기득권을 누리지만 말고 사회를 위해 뭘 좀 내놓으라는 식으로 이해하고 있습니다. 노블리스 오블리제는 지도층의 기득권은 사리사욕이 아니라, 공공성을 위해 봉사하고 희생하기 위해 이들에게 준 그 공동체의 특권부여라는 의미를 가지고 있는 것입니다. 그럴 때 이들의 특권은 책임과 의무를 이행하기 위한 수단이라는 기능을 가지게 됩니다. 가령 출신 자체가 귀빈이기 때문에 귀빈실에 모시는 특권을 누리게 하는 것이 아니라, 희생적으로 공공적 책임을 다하는 윤리와 덕성을 가진 사람이기 때문에 귀빈실에 모시는 것이지요.

결국 경제민주화를 위해서는 공화제에 대한 올바른 교육과 논쟁이 필요합니다. 그래야만 우리의 기본적인 요구의 성격을 바꿀 수 있지 않을까 싶습니다. 공공성에 대한 새로운 사회적 논의의 확산과 심화가 절실합니다.

홍세화 그런데 저는 한국 사회에서 노블리스 오블리제가 거의 불가능하다고 생각합니다. 그리스 시대에는 노블리스 오블리제 대신 절제가 요구되었는데, 절제와 노블리스 오블리제는 지도층에 대한 사회적 요구라는 측면에서 같은 것이라고 봅니다. 절제와 노블리스 오블리제는 세 가지 요인이 상호작용하여 생겨나는 것입니다. 내면에서 자발적으로 생겨나야 하고, 횡적으로 견제가 이뤄져야 하고, 아래로부터 민중의 비판이 있어야 가능한 것입니다. 절제든 노블레스 오블리제든 내면과 옆과 아래로부터의 작용이 상호 연관되면서 자리 잡히는 것이지요.

그런데 한국의 지배 세력은 이러한 덕목들이 내면에서 자발적으로 생겨나지 않고 있습니다. 영국의 경우 왕족이나 귀족의 자식이 가장 먼저 전장에 나가서 전사하고 세금도 잘 내는데, 한국의 경우 지배 세력은 자식을 군대에 안 보내고 세금도 제대로 내지 않습니다. 그렇다고 저는 한국인들이 애당초 자기 절제가 부족한 사람이라고 보지는 않습니다. 아래로부터의 비판이 작동되지 않아서 절제나 노블리스 오블리제가 작동하지 않는 것이라고 생각합니다. 지연, 학연, 혈연이라는 연줄이 작용하여 횡적으로 상호 견제가 이루어지지 않는데다가 민중의 비판의식이 작동하지 않아 깃발만 꽂으면 당선되는 풍토에서 절제나 노블레스 오블리제를 할 이유가 없는 것이지요. 절제나 노블레스 오블리제가 없어도 지배할 수 있는데 왜 그걸 하겠습니까.

대학서열화로 인해 대학에 들어가는 순간 한국 사회에서 자신의 자리를 스스로 결정하는 사고방식도 문제이지요. 내가 공부를 못해서 공부 잘한 사람들의 지배를 받는 것을 당연하게 받아들이는 정신 자세입니다. 이런 점이 소위 스카이(SKY) 출신끼리 그야말로 끈끈하게 유착해 다른 사람들을 지배하고 배척하는 게 가능하도록 만든 것도 있습니다. 프랑스의 엘리트 교육을 예로 들어보죠. 프랑스국립행정학교(École Nationale d'Administration, ENA: 프랑스 정부가 고급공무원 양성을 목적으로 세운 엘리트 학교이다. 1945년 샤를 드 골에 의해 파리에 세워졌고, 3년제 대학원으로 생 주르 푸조 시트로앵 그룹 사장, 자크 시라크와 프랑수아 올랑드 대통령 등이 이 학교 출신이다.)는 일 년에 신입생을 70~80명밖에 안 뽑는데, 이들 안에서는 좌우가 존재하고 서로 생각이 다릅니다.

반면에 한국의 스카이 출신들은 대부분 생각과 의식이 비슷합니다. 그리고 학계, 재계, 법조계, 정치계 등 사회 각 분야에서 한자리씩 차지하고 있습니다. 이들 사이에서 올바른 소리를 하는 사람은 따돌림을 당하게 됩니다. 내부고발자는 대개 고발 시점에는 사회의 시선을 받지만 결국은 조직에서 왕따의 대상이 되고 맙니다. 사회의 모든 부문에서 "악화가 양화를 구축"하는 구조가 정착되었다고 해도 지나친 말이 아닐 겁니다. "좋은 게 좋아", "우리가 남이가"라는 말로 상징되는, 사익추구집단이 구축해 놓은 틀은 철옹성처럼 단단하므로 사회귀족 체제라고 할 수 있습니다. 우리 사회가 경제민주화를 이루기 위해서는 이러한 사회귀족 체제를 무너뜨려야 할 것입니다. 그 길은 무엇보다 구성원들이 사회 비판의식을 형성하는 데 있을 것입니다.

교육 혁명으로 시민의식을 성숙시켜야 한다

김민웅 아닌 게 아니라 세상에서 가장 무서운 벌, 한 번 쏘이면 평생 가는 게 있습니다. 바로 학벌입니다. 우리 사회에서 학벌은 평생 가는 것으로 통하고, 대를 이어 강조되고 있습니다. 그러니 학벌에 집착하게 되는 것 같습니다. 우리는 학벌에 의해 강한

유대관계를 형성하는데요. 서로 만나지 않더라도 출신 학교
가 같으면 서로 이해관계를 관철시킬 수 있습니다. 일종의 새
로운 신분질서가 만들어지는 것이지요. 그렇지 않아도 홍 선
생님께서는 학벌 없는 세상을 위한 운동을 하고 계시기도 하
는데, 아까 말씀 중에 프랑스의 행정을 책임지는 인재들을 기
르는 ENA 학교 출신들 사이에는 다양한 생각이 존재한다고
하셨는데요. 미국에서는 20세기 초반 자본주의가 팽창하고
빈부격차가 벌어지면서 거대 자본들이 사회적인 비난을 피하
기 위해 재단(foundation)들을 만들고 기부 활동을 벌였습니
다. 이들 재단들이 세금 피난처가 되기도 하고 자본주의에 대
한 근본적인 비판을 막는 의미를 가지기도 했지만 현실에서는
긍정적인 기능을 하는 경우도 있습니다.

예를 들어, 카네기 재단이라든가 록펠러 재단 등은 자신들의
자본 형성 과정을 신랄하게 비판하는 학자들을 지원해 주었습
니다. 카네기나 록펠러에 대한 비판도 수용하는 겁니다. 물론
그 비율은 전체적으로 보면 소수일 수 있지만, 자신에 대한 비
판도 받아들이면서 학문발전에 도움을 주는 식인데, 일종의 미
국식 노블리스 오블리제라고 할 수 있지요. 만일 우리의 경우,
삼성재단에서 삼성에 대한 비판을 하는 학문적 작업을 지원해
줄까요? 원천봉쇄당하지 않을까 합니다. 주도권을 쥐고 있는
세력의 생각이 곧 그 사회의 지배적 사고가 되도록 만드는 것
이지요. 그리고 그 사회의 구성원들은 모두 이 질서 속에 빨려

들어가도록 하고 있고요.

우리 사회에서는 자본에 의해 새로운 신분질서가 형성되었는데, 이처럼 자본이 우선되는 사회에서는 남북관계를 바라보는 시각도 그런 수준이 되는 것 같습니다. '남쪽의 우수한 자본과 북쪽의 값싼 노동력을 결합시키면 잘될 거야'라는 주장이 바로 그런 예라고 할 수 있습니다. 이 말은 남쪽이 자본주의 체제에서 해왔던 노동의 착취 구조를 확산해 경제적인 이익을 도모하겠다는 발상에서 비롯된 것입니다. 남과 북이 서로 동등한 차원에서 만나 새로운 일들을 벌이겠다는 생각을 하지 않는 것이죠. 사실 우리나라 기업이 개성공단에서 엄청나게 낮은 임금을 주고 북한 노동자들에게 일을 시키고 있잖아요. 중국 노동자들보다 훨씬 낮은 인건비를 주면서 말이죠. 자본주의 사회의 새로운 신분질서에 대한 근본적 성찰과 비판이 없으면, 인간의 존엄성을 회복하고 이를 위한 정치와 경제를 꾸려나가는 일은 구조적으로 가로막히리라 봅니다.

홍세화 좀 전에 제가 사회구성원들이 사회를 보듬어야 한다는 의식을 가질 필요가 있다고 했잖아요. 우리 사회의 경우 교육을 통해 권력이 요구하는 왜곡된 지식을 학생들에게 수용하도록 하는 것이 문제입니다. 대학이 서열화된 구조와 맞물려 역사와 사회 등 인문사회과학을 암기과목으로 만들어서 사유의 힘을 약화시킨 것이죠. 사유하지 않는 학생들은 암기해서 기록만 하니

경제민주화든 공공성이든 공화제든
모든 것들을 사유의 힘과 감수성,
논리력이 어우러진 토대 위에서
받아들여야 하는데, 우리는 학교 교육
과정에서 도무지 암기만 강요하기
때문에 그 길이 막혀 있습니다.

까 글쓰기 능력이 소멸될 수밖에 없죠. 경
제민주화든 공공성이든 공화제든 모든 것
들을 사유의 힘과 감수성, 논리력이 어우러
진 토대 위에서 받아들여야 하는데, 우리
는 학교 교육 과정에서 도무지 암기만 강
요하기 때문에 그 길이 막혀 있습니다.

이러한 교육 배경은 일제강점기 때부터
비롯되었다고 봅니다. 우리의 경우 근대식
교육은 일제강점기에 자리 잡게 되었습니
다. 일제는 식민지 백성으로 하여금 당연히
사유의 주체가 되기를 막는 국가주의 교육
을 실시했으므로, 독서와 토론이 이루어지

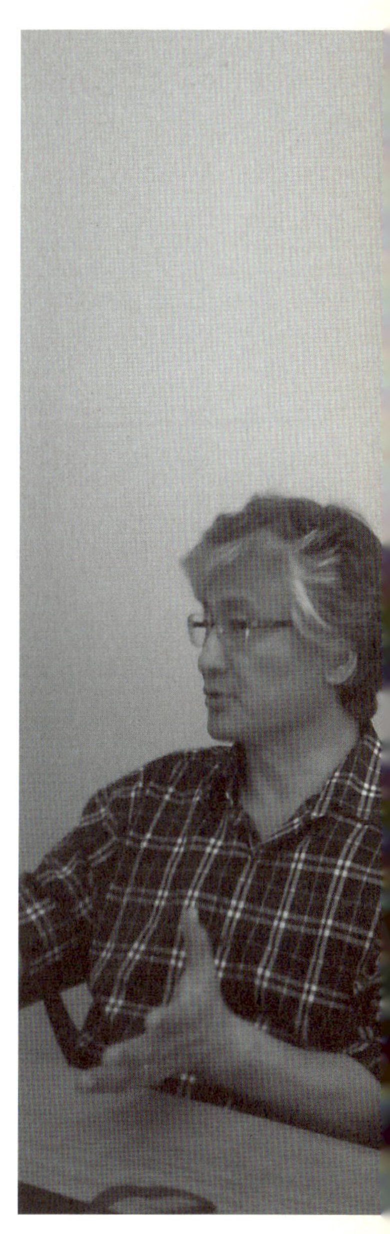

지 않았습니다. 이러한 교육 방식
을 그대로 답습하게 되어, '인간은
이런 존재다, 사회는 이러해야 된
다'는 지배 세력이 요구하는 정답
만을 강요받게 되었죠. 1948년에
대한민국 헌법 제1조에 민주공화
국이라고 선언했지만 민주공화국
의 주체를 길러내는 공교육 대신 일
제 식민지 교육을 답습한 교육을
행하게 되었죠. 이런 교육 방식이
대학서열화까지 낳게 한 것입니다.
대학서열화가 진행되면서 학생들

을 줄 세워야 했고, 학생들의 줄을 세우기 위해 인문사회과학을 암기과목으로 바꿔버렸습니다. 그렇게 소위 말하는 학벌 좋은 학생들을 선별하는 과정에서 학생 모두의 사회를 비판하는 능력 자체를 소멸시켰습니다.

김민웅 이러한 문제를 해결하기 위해 논술 고사를 도입하게 되었는데요. 논리력을 키우겠다는 것이 논술 교육의 핵심입니다. 하지만 논술 교육에서 가치 논쟁 능력을 배제했기 때문에 문제가 생기고 있습니다. 비판의식의 근본이 거세된 겁니다. 그래서 자칫 논술 교육은 자신의 주장을 정당화시키는 데만 몰두하게 만들 수 있어요. 가치 선택에 대한 윤리적 사고가 사라지는 겁니다. 학생들로 하여금 '어떤 가치를 선택해야 하고, 왜 그것을 선택해야 하는가'를 고민하지 않도록 했습니다. 그리고 이러한 교육 방식은 정치와 사회를 바라보는 우리의 눈도 가려버렸습니다. 정치의 핵심은 가치의 우선순위를 결정하는 것인데, 지금의 교육으로는 이러한 능력을 기를 수가 없죠.

어떤 과학자가 개구리에게 "뛰어!" 하고 탁자를 치자 그 위에 있던 개구리가 폴짝, 하고 1미터를 뛰더랍니다. 그래서 개구리 다리 하나를 분질러 놓고 "뛰어!" 했더니 30센티미터를 뛰더래요. 그 다음에는 나머지 다리 하나를 마저 분질러 뜨려놓고는 "뛰어!" 했더니 당연히 못 뛰지요. 과학자는 자신의 관찰 일기에 "개구리는 두 다리를 분질러 놓으면 귀가 먹는다."라고 적어 놓았답니다. 이 이야기는 오래전 알고 있었는데, 나중에 보니 우리나라에서는 논술에서 애용하는 이야기 가운데 하나라더군요. 논술의 목적은 분명합니다. 원인과 결과가 서로 맞지 않는 논리적 오류에 대해 짚는 예로 든 것이지요. 그러나 정작 먼저 나와야 할 문제의식은, "왜 멀쩡한 개구리 다리를 부러뜨려?"라는 윤리적 질문이 아닌가 합니다. 윤리적 통증에 기반한 가치 선택에 대한 고민이 없는 겁니다.

"유토피아가 무슨 뜻이냐?"고 학생들에게 물어보면 "현실에는 아무 데도 존재하지 않는 이상의 나라"라고 대답합니다. 교과서적 또는 사전적 정답을 내는 데는 익숙하고 또 정확합니다. 그렇다면 "현실의 조건이 달라지면 이상의 나라는 가능할까?" 이런 질문은 하지 않습니다. 그 이상이 가지고 있는 가치가 너무도 소중하다면, 그래서 그것이 현실이 되기 위해서는 어떻게 해야 할까? 이런 질문도 더는 나오지 않습니다. 이상적 가치를 중심에 놓고 현실을 바꾸려는 절박함을 온몸으로 느끼게 하는 교육이 필요합니다.

홍세화 우리 학생들은 똑같은 진리를 강요받고 있는데요. 각자의 사회 경제적 처지가 철저히 배제되고 있기 때문에 그런 것이잖아요. 이것이 얼마나 황당한 일입니까. 이른바 "객관성이란 지배 세력의 주관성"이라는 말을 끌어들이지 않더라도 모든 학생의 머릿속에 똑같은 내용의 인문사회과학적 지식을 입력시키는 상황에서 경제민주화가 이루어질지 의문스럽습니다.

또 하나의 예를 들면, 기업이든 대학이든 신입사원과 신입생을 선발할 때 영어 능력을 필요 이상으로 요구하고 있습니다. 해외 연수나 고액 과외 등을 할 수 있는 집안 출신인가 아닌가를 영어 능력을 통해 점검하는 과정이라고 할 수 있습니다. 또 개인의 특성을 무시한 채 똑같은 교육을 강요하는 학교 교육으로 '나'라는 존재가 사라지게 되고, 정체성이 사라지게 되었습니다. 수동성을 심어주는 교육으로 자기 목소리를 낼 수 없게 되어, 주체성도 잃게 되었습니다.

결국 이런 방식에 길들여지게 되어 철저하게 지배 세력에게 농락당하게 된 것입니다. 경제민주화에서 주체는 나 자신인데, 지배 세력에게 주체의 자리를 내어주어서는 안 됩니다. 우리가 주체가 되기 위해서는 무엇보다 주인의식이 필요합니다. 주인의식이란 내가 바라는 사회는 누가 대신 마련해 주지 않고 내가 만들 수밖에 없다는 의식에서 출발합니다. 그런데 우리는 우리가 바라는 사회를 누군가가 대신 만들어줄 것을 기대합니다. 주인의식이 부족하기 때문입니다. 우리가 바라는 사회를 남이 대신 만들어줄 리가 없지요. 남은 남이 바라는 사회를 만들 뿐입니다. 그 결과의 하나가 정치에 관해 관심은 별로 없으면서 불평은 많이 하는 사회상입니다.

김민웅 '근대적 주체'를 만들어내지 못한 결과라고 봅니다. 저는 미국에서 학위 논문을 쓸 때 지도교수에게 '왜 이 문제에 관심을 갖게 되었는가, 이 문제는 너에게 얼마나 절박한가'를 논문에 담아내야 한다고 요구받았습니다. 단순히 어떤 개념에 대한 설명과 학문적 정리가 중요한 것이 아니라 어떤 절절한 현실과 마주쳤기 때문에 이에 대한 고민의 결과로 여기까지 이르게 되었는지 논문에 담으라는 것입니다. 이 질문에 답할 수 있어야 논문의 출발점을 확보할 수 있었습니다. 이 대목은 일종의 자기 고백적인 방식 또는 에세이적 표현이 됩니다. 하지만 우리 대학의 현실은 아직도 그런 접근과 서술방식을 학문적으로 평가하지 않고 있습니다. 논문작성의 형식도 여전히 고정되어 있습니다. 미국에서는 논문을 쓰는 형식도 매우 자유로워졌는데, 한국 대학은 아직도 일제 시대의 논문과 크게 다르지 않은 형식의 논문을 강요하고 있습니다. 그래서 읽을 만한 흥미를 불러일으키지 못하는 논문과 읽지 않는 논문들을 양산하게 합니다.

진정한 교육은 일상성을 가져야 하지 않을까요? 보통 사람들의 경험과 언어가 이론과 엮이는 그런 노력이 필요한 것 같습니다. 그래서 보통 사람들의 발언과 표현 방식이 사회적 존중을 받는 분위기를 만들어나가야 하는 것이 아닌가 합니다. 미국의 저명한 학자들이 대중을 위해 아주 쉽고 친절하면서도 내용에 깊이가 있는 책들을 써내는 것을 보면 깨닫게 되는 바가 적지 않습니다. 그래서 저는 학교에서 논문지도를 할 때, 학생

들에게 이렇게 이야기합니다. '논문 형식의 정형화된 글쓰기를
고수할 필요는 전혀 없다. 시가 들어가도 좋고 무엇이 들어가
도 상관없다'고 말합니다. 인간의 모든 표현 방식이 중요하다
고 생각해 그렇게 하는 것입니다. 그렇게 해서 생각에 자유의
날개를 달아주는 것입니다.

　그런데 우리나라의 경우에는 주체와 관련된 실존적인 고민들
을 존중하지 않습니다. '내가 왜 이 문제에 관심을 갖는 것이
지, 나의 경험은 어떠했고 그 경험은 나에게 중대한 도전이었고
위기였다' 등과 관련된 내용들이 논문 속에 담겨 있어야 실존적
으로 의미 있는 논문이 될 수 있습니다. 하지만 우리나라에서
는 고리타분한 논문작성 방식이 아직도 통용되고 있으니, 얼마
나 사회적인 낭비입니까. 논문을 쓰는 데 필요한 종이도 낭비
고, 논문을 쓰는 데 들이는 시간도 낭비입니다. 게다가 그 논
문을 아무도 안 보고 있으니……. 이걸 말하는 까닭은 우리의
교육이 얼마나 인간의 일상과 동떨어져 있고, 인간 정신의 성숙
을 위한 노력을 저버리고 있는가에 대한 반성이 필요하다는 취
지에서였습니다.

홍세화　민주주의(民主主義)라는 말의 의미를 다시금 생각하게 됩니다.
데모크라시(Democracy, 민중을 뜻하는 그리스어인 'd-emos'와
지배를 뜻하는 'cratos'의 합성어 'd-emocratia'에서 유래한다.)를
민주주의로 옮긴 것인데, 저는 이 민주주의라는 말만큼은 데모

크라시보다 더 좋은 말이라고 생각합니다. 민주주의는 '국민 (民)이 주인(主)'인 정치 체제입니다. 민주주의가 성숙해지기 위해서는 국민이 성숙해져야 합니다. "국민의 수준을 뛰어넘는 정부 없다"라는 말도 같은 맥락에서 곱씹어봐야 하겠지요.

김민웅 국민들의 시민의식이 성숙해지려면, 무엇보다도 교육 혁명이 절실합니다. 단지 입시 정책의 변화를 통해 교육을 바꾸자는 정도가 아니라 교육에 대한 근본적 성찰, 교육을 통해 이루어내고자 하는 인간형에 대한 논의가 깊어졌으면 좋겠습니다.

제3부

사회복지와 교육, 새로운 변화를 위해

국민행복 시대를 열겠다고 했지만
커져만 가는 불행

김민웅 박근혜 정권은 무엇보다도 후안무치가 특징이 아닌가 싶을 정
도입니다. 자신들이 약속한 것은 언제 그랬느냐는 듯이 내팽개
치고, 갈등 조정이 필요한 일들은 그냥 밀어붙이기나 하고 말
입니다. 논리고 뭐고 없는 거죠. 국민들을 깔보는 것이 역력합
니다. 정치와 경제는 물론이고 교육도 그렇고 모든 분야에서
자신들의 주장을 독점적으로 관철하려 들고 있습니다. 정책 내
용 이전에 기본태도가 불량하다는 평가가 나올 만한 것 아닙니
까? 민주주의에 대한 기초가 전혀 되어 있지 않은 모습입니다.

그런 상황에서 이런 것들을 정면에서 문제 삼아 해결의 방향
을 잡는 반격의 힘이 집결되지 못하고 있는 것 같습니다. 여당
인 새누리당은 두 가지 형태의 정치 시스템을 펼치고 있습니다.

하나는 자본이 지휘하는 정치이고, 다른 하나는 냉전 체제를 강조해 전쟁 논리를 작동시키는 정치입니다. 이 두 가지 형태를 결합시킨 정치가 우리를 압도적으로 지배하고 있습니다.

우리의 정치는 과연 이럴 수밖에 없는 걸까요? 김대중, 노무현 정부의 10년을 거치며 나름대로 민주적인 역량을 제도화하는 데는 일정 부분 성공했지만 이러한 흐름이 너무 쉽게 무너졌습니다. 왜 우리가 이렇게 됐을까를 이야기해 보고 싶습니다.

홍세화 우선 우리 정치에서 민주주의가 실종되었습니다. 정치에서 민주주의는 소멸되고 치안과 행정만 남았기 때문입니다. 자본 권력에 의한 관리와 국가의 물리적인 치안 지배가 결합했기 때문에 그런 것이죠. 우리는 1987년 6월 항쟁 당시에는 국사독재 체제에 맞서 정치적 자유라는 공통된 가치를 공유하고 통일적인 전선이 형성되었고, 그 토대에서 저항을 펼쳤는데요. 특히 IMF 이후 자본 권력의 힘이 커지면서 자본이 부추긴 욕망을 내면화하게 되면서 통일적인 전선을 형성하기도 어렵게 되었고, 저항의 힘이 결집되지 못하고 있습니다.

바로 이 점이 중요하다고 봅니다. 두 차례 자유주의 정권 때 이 문제를 제대로 짚어내지 못했습니다. 자유주의 정권조차도 노동 문제의 경우 정리해고제와 파견제, 그리고 비정규직에서 신자유주의 체제에 포획되어 자본의 요구만 적극적으로 수용했습니다. 이를 테면, '박정희의 국가'와 다른 국가를 상상하려는 의지도 없었고 동력도 없었던 것이지요.

이 점에서 박근혜 정권은 우리가 거쳐야 할 단계였는지 모릅니다. 경제주의에 갇혀 있었던 것은 자유주의 정권도 마찬가지였고, 사회구성원들은 박정희 시대에 대한 향수를 부정할 수 있는 새로운 가치, 가령 공동체적 삶의 가치를 찾을 수 없었습니다. 노동자들 사이에서도 '나만 잘살면 된다'는 이기주의가 팽배하게 되었습니다. 워낙 사회화 과정에서 GDP 인종주의로 귀결되는 경쟁력 이데올로기나 자본에 대한 자발적 복종의식을 형성하는 구성원들인데, 노동자들이 대부분 노동자 의식을 갖기보다 반노동자 의식을 갖기 쉽고 여기에 물신주의가 강력하게 결합되는 과정이었다고 할 수 있습니다. 노동자의 계급의식도 거의 부재한데 그 위에 '더불어 살아야 한다'는 연대의식의 기반도 사라졌습니다. 특히 정리해고제와 비정규직 등 노동 유연성이 우리 사회에 어떤 결과를 갖고 올 것인지, 우리 삶을 어떻게 파괴할 것인지에 관해 두 차례 집권한 자유주의 세력은 물론 노동 운동 진영조차 제대로 인식하지 못했습니다.

예를 들면, 노동계에서는 이런 문제가 벌어졌습니다. 영화 '밥·꽃·양'을 보면 잘 알 수 있는데요.('밥·꽃·양'은 1998년부터 2000년까지 현대자동차 식당여성노동자들의 정리해고 반대투쟁과 회사와 노조를 상대로 한 원직복직 투쟁과정을 담고 있는 작품이다. 이 작품은 정리해고를 둘러싼 이해관계 속에서 기존 노동 운동의 관성과 폐해를 사실적으로 담았다. 1998년 여름, 현대자동차 노조

여당인 새누리당은 두 가지 형태의 정치 시스템을 펼치
고 있습니다. 하나는 자본이 지휘하는 정치이고, 다른
하나는 냉전 체제를 강조해 전쟁 논리를 작동시키는 정
치입니다.

식당 아주머니들은 '투쟁의 꽃'이라는 찬사를 들으며 누구보다 열심
히 정리해고 반대투쟁에 나서지만, 노사 협상이 타결되면서 전원 정
리해고 대상이 된다. 현대자동차 노조위원장은 노조가 식당운영권
을 가지고 전원 고용승계를 하겠다는 조건을 내걸고, 그녀들은 경기
가 회복되면 복직시켜 준다는 노사합의에 기대를 걸고 정리해고를
받아들인다. 그러나 그녀들은 노조의 하청노동자로 전락하고 만다.
회사의 상황이 좋아졌음에도 원직복직 약속은 휴지조각이 되고, 노
조 또한 복직투쟁에 미온적인 태도를 보였다.) 현대자동차 노조는

1987년 6월 이후 민주화에 대한 확신과 함께 그 10년이라는 시간을 통해 자유주의가 정착될 수 있으리라는 허황된 믿음이 분단 이후 반세기 이상 모든 부문을 장악해 온 수구 기득권 세력의 막강한 재생산 구조를 얕잡아 본 게 아닐까요?

19%의 비정규직 직원을 채용하는 데 찬성했고, 현대자동차 식당여성노동자들을 하청노동자로 전락시켰습니다. 노동이 노동을 배반하게 된 일입니다.

우리는 또 다른 문제도 생각해야 합니다. 수구 기득권 세력은 '잃어버린 10년'을 이야기하지만 그 10년 동안에도 그들은 정치 권력의 정상인 대통령 자리를 제외한 모든 부문에서, 즉 산업, 행정, 국방, 사법, 언론, 검찰, 교육의 모든 부문에서 절대적 우위를 놓친 때가 없었습니다. 이를테면 사회의 모든 부문에서

'기울어진 경기장'의 구조에는 큰 변화가 없었다는 것입니다.

우리는 김대중, 노무현 대통령을 통해 잘못된 이미지에 걸려든 건 아닐까요? 1987년 6월 이후 민주화에 대한 확신과 함께 그 10년이라는 시간을 통해 자유주의가 정착될 수 있으리라는 허황된 믿음이 분단 이후 반세기 이상 모든 부문을 장악해 온 수구 기득권 세력의 막강한 재생산 구조를 얕잡아 본 게 아닐까요? 실상 우리의 기대치를 채울 만큼 10년이라는 시간은 시간적으로 부족했고, 더 많은 변화를 위한 시간들이 필요했는데 다시 그들에게 정치 권력을 넘겨주고 말았던 게 아니었나 싶은 거지요.

김민웅 말씀을 들으면서 가슴이 저려오네요. 그런 점에서 이들의 지배 전략을 제대로 꿰뚫어봐야 할 것 같습니다. 당시에 정규직이 비정규직을 배제하는 방식으로 정규직을 살아남게 했지요. 자본가와 정치인들은 노동자에게 구조조정이라는 전면적인 압박을 가하면서, 그나마 비정규직을 받아들이지 않으면 '다 죽게 생겼다'고 했지요. 그래서 노동자들은 그러한 제안을 결국 받아들였죠. "떡 하나 주면 안 잡아먹지" 하는 식이었습니다. 일단 잡혀먹지 않게 되니 안도하게 되는지는 모르나 결론은 잡아먹겠다는 것이니 이에 대한 대처가 필요했던 것입니다. 그런데 그 다음에는 어떻게 해야 할 것인가를 생각하지 않았던 겁니다. 그러다 보니 비정규직들을 노동 운동에서 배제하고 주변화시켜

버리는 잘못을 저질렀고, 이것은 이후 비정규직의 현실을 더욱 악화시키고 말았습니다. 더군다나 보수언론은 이를 두고 노-노 갈등이라는 식으로 비난했지요. 이런 비난은 상황을 만든 근본책임에 대해 짚지 않은 점에서 문제가 있긴 하지만, 노동운동 자신의 책임도 피할 수 없는 사안이었다고 봅니다.

이명박 정권의 등장도 그저 된 것은 아니라고 생각합니다. 김대중, 노무현 정부를 지나면서 자본에 대한 정치적 규제가 상당부분 풀리게 하는 신자유주의 체제가 보다 전면화 됩니다. 김대중, 노무현 정부는 이것이 불가피하다는 입장도 한편에는 있었지만, 이를 적극적으로 승인하는 태도도 보였습니다. 이러한 흐름 속에서 자본이 정치를 지배할 수 있는 토대가 마련되었고, 필연적으로 자본 자체가 중심이 되는 이명박 정권이 등장하게 된 것 아니겠습니까? 김대중, 노무현 정부의 민주화 노력과 남북관계 개선에 대한 역사적 평가는 당연히 높게 주어질 수 있으나, 자본에 대한 태도는 비판적으로 검토하고 성찰할 필요가 있다고 봅니다. 이걸 제대로 짚어내고 문제로 인식하지 못하는 한, 향후에도 우리의 민주주의에 대한 사고는 자본과 노동의 문제를 본질적으로 파고들지 못하게 될 것입니다.

다른 한편, 집권 세력은 냉전 체제를 강조하고 있습니다. 여당에 불리한 일이 생길 때마다 전쟁을 들먹이고 종북논쟁을 펼칩니다. 그러면서 지난 김대중-노무현 정부가 국가 안보를 생각하지 않아서 북핵 문제도 더 불거지고 한반도가 위기에 처하게 되었다고 주장합니다. 그러면 이들이 분단 문제를 평화적으로 해결하려는 노력을 기울이고 있는가? 전혀 그렇지 않지요. 도리어 분단상황이 만들어내는 군사적 대립을 내부 정세에 활용하는 일을 즐기고 있지 않습니까? 툭하면 북한을 걸고넘어지면서 정치를 하는 이들이야말로 진짜 종북주의자들이 아닌가 싶어요. 종북주의의 개념도 새로 정리할 필요가 있을 정도 아닌가 합니다. 자본의 지배를 강화하고 분단의 적대적 상황을 내정으로 연결시키는 이 세력은 역사의 진보를 근본에서부터 봉쇄하고 있는 자들이라고 할 수 있습니다. 이들이 권력을 장악하고 있는 현실에서, 공공성을 기본으로 하는 복지국가 건설도 구조적으로 한계가 있을 수밖에 없다고 보입니다.

홍세화 오늘 반대 세력에게 모두 '종북' 딱지를 붙이며 종북논쟁을 일삼는 집권 세력이 오히려 진짜 종북주의자라는 김 선생의 말씀에 공감합니다. 그런데 저는 이런 생각을 해봅니다. 누군가 분단 상황의 결과물로 말한 바 있는 한국의 "1.5당 + 부스러기 진보 정당" 체제에서 1당인 새누리당을 비롯한 집권 세력은 남북관계가 경색될수록 자기들에게 유리한 이 체제가 유지될 수 있다고 보는 게 아닌가 싶은 것입니다. 여기에 재벌기업들도 이해관계를 같이한다고 봅니다. 어느 중소기업인은 남북관계 개선이 새로운 시장 확보를 가져올 수도 있고 여러 모로 우리에게 유리하다고 말했는데, 재벌기업의 주판알도 같은 말을 할지는 의문스럽습니다. 제 판단은 재벌기업은 남북관계가 경색될수록 용이해지는 남한의 노동통제를 통해 얻는 이익이 새로운 시장 확보에 비해 훨씬 더 크고 또 안정적이라고 보는 게 아닐까요?

아무튼 지금 우리 사회는 비정규직, 청년 실업 등 불안정 노동으로 내몰린 사회구성원들이 미래에 대한 전망 부재로 불안 속에서 살아가고 있습니다. 우리나라의 사회 공공성은 너무 취약하고, 이 문제에 관해 대부분의 국민이 피부로 느끼고 있기 때문에 지난 대선에서 박근혜 후보와 새누리당도 사회복지와 관련된 정책들을 내놓았습니다. 하지만 지금은 그때 내놓았던 공약들이 하나둘 자취를 감추고 있죠.

또다시 강조합니다만 저는 우리 사회에서 보편적인 복지가 가능해지려면 공공성이 확보되어야 한다고 생각합니다. 그런데 사적 안위와 영달을 위해 민족을 배반한 친일파를 청산하지 못했고, 이들이 권력을 장악했기 때문에 국가 형성 초기부터 공공성이 실종되었던 문제가 있었다고 봅니다. 박근혜 정권이 들어서면서 다시금 국사 교과서 논쟁을 몰역사적으로 펴고 있는 것도, 그런 그들의 정체성을 드러낸 것이라고 봅니다. 백선엽 같은 인물을 높이 받들어주는 것만 봐도 그렇습니다.(일제 강점기에 백선엽은 간도특설대에서 활동하면서 박정희와 인연을 맺었다. 간도특설대는 동북 지역의 항일유격활동을 저지하기 위해 구성된 악명 높은 특수부대였다. 이런 행적 때문에 백선엽은 친일인명사전에 그 이름이 수록되었다. 간도특설대원들은 항일부대원을 잡으면 순순히 사살하지 않고 가장 잔혹한 수단을 동원했다. 간도특설대원들의 잔혹한 행위는 항일부대들의 사기를 저하시키는 효과와 더불어 일본인 상관 앞에서 자신들의 충성심을 증명하기 위함이었을 것이다. 때문에 이들에게 조선인 포로들은 더없이 좋은 사냥감이었던 것이다. 그런데 현 정권은 이런 백선엽에게 특혜를 주고 있다. 백선엽은 군사편찬연구소 자문위원장으로 활동하면서 2003년 11월부터 현재까지 국방부 근무지원단에서 운용하는 업무용 에쿠스 승용차를 운전병과 함께 지원받아 평일과 주말 내내 개인전용 차량으로 이용해왔다. 또 지난 10년 동안 국방부로부터 개인 보좌관도 제공받았다. 현역 중령 신분으로 백선엽을 돕던 보좌관은 2010년 전역한 뒤에도 계약직 4급 서기관(대령급)으로 재임용돼 그를 보좌하고 있다. 군사편찬연구소장의 정식 보좌관이 7급 군무원에 불과한 점을 고려할 때 과도한 특혜로 보인다. 이런 파격적인 특혜에도 불구하고 군사편찬연구소 자문위원장으로서 그의 활동은 부실했다. '자문위원 활동 내역' 자료를 보면, 백선엽은 2003년부터 10년 동안 자문위원장으로 일했지만, 원고 감수 등 본연의 업무를 수행한 것은 모두 20여 차례에 불과했다. 실제 그의 주요 활동은 외부 강연과 행사 참석이었다. 자문위원장 업무와는 무관한 활동이었다.)

친일파 세력은 언론과 법조계, 정계, 학계 등 모든 분야에서 헤게모니를 장악했죠. 우리가 교육에 대한 이야기도 나누겠지만 이번 교학사 역사교과서 문제를 보면 이들이 교육 부문도 장악하고 있습니다. 우리 교육은 일제 강점기의 잔재인 국가주의와 미국에서 들어온 시장주의를 강요받게 되었죠. 본디 국가주의와 시장주의는 충돌해야 맞는데, 한국에서는 오히려 이 두 가지가 강하게 결합했습니다. 국가라면 최소한의 공공성을 담보해야 하는데 우리는 그렇지 못한 실정입니다. 공공성이 실종되었기 때문에 시장주의와 국가주의는 그것을 주장하는 세력이 똑같이 사익을 추구하는 집단이라는 점에서 서로 만나는 것입니다. 교육의 공공성이 실종된 것은 두말할 필요가 없습니다.

김민웅 이명박 정권에서 이러한 모습이 여실히 드러났지요. 공공성에 대해서는 전혀 관심이 없었습니다.

홍세화 그렇죠. 이명박 정권은 한마디로 '주식회사 대한민국'이었는데요. 철저하게 사적인 이익을 추구했으니까요.

김민웅 예, 권력의 사유화를 추진했죠. 공공서비스는 이윤추구의 논리로 정리하려 들었고, 주요한 국민적 공기업들을 외국자본에게 넘기는 기도를 도처에서 했습니다.

홍세화 그들은 공기업을 사기업화했죠. 그들은 국가를 기업처럼 운영
하면서 이익이 생기면 사유화하고 손해가 생기면 사회화합니
다. 이런 일들을 너무도 뻔뻔하게 자행합니다. 국가라면 반드
시 담보해야 하는 공공성을 외면한 채 사적 이익만 추구하는
것입니다. 최근의 상황입니다만 KTX를 사기업화(민영화)하려
는 시도도 마찬가지입니다.

진보 세력,
어떻게 해야 대중의 지지를 받을까?

김민웅 그나마 다행스러운 것은 국민들이 그에 대해 매우 부정적 시선
을 보내고 있다는 점입니다. 그래서 KTX 민영화의 우회로를
만들려던 중에 대대적인 저항에 직면한 것이고 이를 진압하려
들기만 합니다. 홍 선생님이 말씀하신 것 중에 중요한 단어가
나왔는데요. "뻔뻔"이라는 단어 말입니다. 박근혜 정권의 후안
무치함이나 이명박 정권의 뻔뻔함이나 모두 같은 뿌리에서 나
온다고 봅니다. 정치는 기본적으로 "공공선", "공의"를 위해 존
재해야 하는데 이 정치를 사적 이해관계를 관철하는 공간으로
변질시킨 것이지요. 이런 뻔뻔함은 국민적인 분노의 대상입니

다. 정의를 위한 분노는 개인적인 분노와는 다른 차원이고, 이
건 정의로운 시대를 만들어내는 에너지가 되지 않겠습니까? 그
런데 이걸 제대로 담아낼 정치 세력이 보이질 않습니다.

1980년대까지는 민주주의와 분단 체제에 대한 문제의식이
깊어졌고, 1990년대에 들어오면서는 자본의 지배에 대한 저항
이 중요한 운동으로 떠오르게 되었다고 봅니다. 결국 자본과
분단의 문제가 우리 시대의 핵심적인 과제가 된 것입니다.

그런데 지금 지배 진영은 자본과 분단 체제의 엄호를 위해 강
력하게 동맹을 맺었습니다. 하지만 진보 진영은 어떻습니까?
자본에 대한 저항이 중요하다고 생각하는 측에서는 분단 체제
에 대한 고민이 약해지게 되었고, 분단 체제가 중요하다고 생
각하는 측에서는 한국의 자본주의 문제에 둔감해지게 되었습
니다. 그래서 서로가 만날 수 있는 지점이 느슨해지거나 약해
진 것 같습니다. 반면에 상대는 동맹 체제가 강고해졌습니다.
그러다 보니, 진보 진영의 문제의식은 하나의 축으로만 작동하
는 편향성을 가지게 되었고, 서로 융합해서 문제를 풀어가는
능력을 잃어버린 것이 아닌가 합니다.

홍세화 흔히 "보수는 부패로 망하고 진보는 분열로 망한다"고 말합니
다. 그런데 저는 이 말이 논의의 출발 지점이 되어야지 결말 지
점이 되어선 안 된다고 봅니다. 보수는 잘 알다시피 기존의 가
치를 보수하려는 입장인데 한국 사회에서 그것은 주로 기득권

지난 총선에 앞서 통합이
폭력적으로 진행되었고
결국 부정적 결과를 낳고
말았습니다. 우리가
통합진보당 사태라고
부르는 것으로 말입니다.

을 지키려는 것으로 나타나고, 그래서 이익이 발생하는 곳에
모이는 구심력이 작용하는 경향이 있는 반면, 진보는 사회모
순에 대한 이해나 새로운 가치 지향에서 차이가 있게 마련이어
서 원심력이 작용하게 됩니다. 어떤 점에서 진보는 분열의 씨앗
을 항상 안고 있다고 말할 수 있습니다. 바로 이 지점입니다.
진보 진영이 서로의 차이를 인정하고 연합할 수 있는 길을 모
색해야 하는데, 제가 현실적으로 부닥치고 경험한 모습은 진
보는 모두 통합해야 한다는 주장이었습니다. 저는 거듭 주장
합니다만 진보 진영이 할 수 있는 것은 진보 자체의 성격상 통

합이 아니라 연합이고 연대라고 봅니다. 그런데 지난 총선에 앞서 통합이 폭력적으로 진행되었고 결국 부정적 결과를 낳고 말았습니다. 우리가 통합진보당 사태라고 부르는 것으로 말입니다. 앞서 말씀드린 대로 진보는 사회 모순에 대한 이해와 새로운 사회상과 그것에 이르는 과정에 대한 인식 등에서 차이가 있을 수밖에 없습니다. 게다가 우리는 식민 후기 사회인데다 분단이라는 중첩된 모순을 안고 있습니다.

하지만 왜 통합이 막무가내 식으로 주장되었을까요? 하나는 조급증 때문이라고 봅니다. 진보의 미덕 중의 하나로 저는 기다림을 꼽습니다. 물론 그냥 기다리는 게 아니라 오늘 할 수 있는 일을 꾸준히 펼쳐나가면서 기다리는 것입니다. 그런데 무언가 빨리 이루어야 한다는 조급증, 그것이 결국 의회에 많이 진출시켜야 한다는 요구로 수렴되었습니다만, 아직 진보 세력이 주체나 동력 형성이 부족한 형편이니 더욱 진보 세력의 대동단결이 주장됩니다. 무조건 하나의 깃발 아래 모이라는 것이지요. 여기에는 진보 정치 진영이나 노동 진영의 상층의 기회주의도 작용했다고 봅니다만 이러한 조급증에 둘째 이유가 결합됩니다. 바로 "우리 편이 아니면 적"이라는 이분법입니다. 저는 이것을 진보 세력이 기득권 세력과 싸우면서 배운 것 중 하나라고 봅니다. 보수 세력에게는 자기편이 아니면 적이 되지만 진보는 그렇지 않습니다. 우리가 역사를 통해 배워야 할 점이 바로 이것입니다. 이를테면 극복대상과 경쟁대상을 구분할 줄 알아야 하는데 그렇지 못했던 것이지요. 오히려 진보 진영 안에서 헤게모니를 장악하기 위해 진영 바깥에 있는 공동의 극복대상에 비해 진영 안에 있는 경쟁대상에게 더 적대적인 모습을 보이기까지 합니다.

가령 우리가 스페인 내전의 실패의 역사를 통해 어떤 교훈을 이끌어내야 할까요? 노동조합위원장 선출을 위해서라든가 의회진출에 있어서 자파(自派) 세력의 지분을 많게 하려는 의지가 진보 진영 간 싸움으로 나타나고, 자파의 헤게모니 장악을 위해 패권주의가 관철되고 경쟁대상을 가차 없이 배제시킵니다. 이렇다 보니 진보에 속한다는 제 정파나 조직의 존재 목적이 자파의 지분 확보에 구성원을 동원하기 위한 것이 되어버렸고, 그 결과의 하나로 사라진 것이 학습입니다. 학습하지 않는 진보……. 실제로 한국의 진보 진영만큼 공부하지 않는 곳이 또 있을지 잘 모를 지경입니다. 학습이 사라진 진보……. 누구나 걸핏하면 말하듯이 세상은 급변하고 있는데 말입니다. 한국의 진보 세력의 일원은 거의 대부분이 선배를 통해 진보에 속하게 되는데 선배가 누군가에 따라 정파가 결정된다는 점으로 볼 때 '주입된 진보'라고도 말할 수 있을 것입니다. 이런 점들이 제가 잠시 동안이었지만 진보 정치의 구체적 현실을 경험하면서 갖게 된 문제의식입니다.

김민웅 진보 세력 내부의 미성숙과 폭력성에 대한 지적은 진보 세력이 좀 더 뼈아프게 경청해야 하지 않을까 합니다. 그런데 그와 함께 한국 사회가 처한 현실을 풀어가기 위해서는 자본과 분단, 또는 자본과 전쟁 체제에 대한 저항의 역량이 하나로 결합되어야 한다고 생각합니다. 그렇지 못하면 진보 세력은 각기 역량이 분산되거나 서로 갈등하면서 대중의 지지를 받아내기는 매우 어려워질 것으로 여겨집니다. 안타까운 것은 서로 유기적으로 연결되어 있는 문제를 각기 분리되어 있는 사안으로 여기고 각기 따로 움직이고 있다는 사실입니다. 이건 우리의 현실을 놓고 해법을 찾아가야 하는 원칙에서 벗어난 진보의 일탈이라고 여겨질 정도입니다.

홍세화 그렇습니다. 그런데 왜 그렇게 되었을까요? 정파의 이해관계에 치우치면서 한국 사회에서의 진보의 영향력 증대와는 정반대 방향으로 가고 있다는 점이 치명적인 게 아닐까요? 오늘 한국의 진보 진영은 우물 안에 갇혀 있는 듯합니다. 자기 학습도 없지만 대중에 다가가려는 의지도 거의 없어 보입니다. 진영 내부의 헤게모니 장악만이 진보의 존재목적처럼 느껴질 정도입니다.

김민웅 사실 일반 시민들은 관심도 없는 논쟁과 정파주의에 시간을 허비한 점이 크지요. 모든 역사와 정치에서 가장 중요한 것은 주도권을 잡는 것이었습니다. 그래야 변화를 일으킬 수 있기 때문입니다. 진보 진영이 힘을 갖기 위해서는 "현실"에서 주도권을 장악해야 한다는 책임감이 필요한 것 같습니다. 막스 베버(Max Weber)는 "정치인에게는 이상과 도덕, 동기 따위의 신념윤리 못 지않게 결과에 대한 책임을 중시하는 '책임윤리'가 중요하다"고 했습니다. 정치인에게는 자신의 목적을 성취하는 데 사용된 방법이 무엇이냐도 중요하겠지만, 자신의 행위의 최종적인 결과를 고려하지 않으면 안 됩니다. 저는 이 주장에 동의합니다.

그런데 여기서 주의해야 할 것은 막스 베버가 현실적으로 가능한 결과를 내놓는 것만을 강조한 것이 아니라는 점입니다. 많은 이들이 이 대목을 오해하고 있기도 합니다. 그는 현실에서 불가능하게 보이더라도 신념의 윤리와 가치관에 의해 꾸준히 현실을 밀고 나가는 노력과 의지 또한 중요하다고 역설했습니다. 정치가 현실에서 결과를 내놓을 수 있는 것에만 관심을 기울이면, 진정 이상을 향한 의지와 용기의 가치가 뒷전이 될 수 있다는 우려를 하게 됩니다. 진보는 그래서 가치의 영역에서 먼저 주도권을 쥐도록 노력해야 한다고 믿습니다. 얼핏 혼란스러운 주장을 편 것 같아버렸습니다만, 가치와 현실 두 영역 모두에서 설득력과 현실적 역량을 갖추었으면 좋겠습니다. 너무 꿈도 야무진가요? (웃음)

홍세화 현재로서는 진보 진영이 주도권을 잡는 것은 정말 어렵습니다. 사익을 추구하는 세력은 열성적입니다. 자신들과 다른 생각들을 억압하고 배제하는 데 온 힘을 다하기 때문입니다. 공공성

을 주장하는 사람들에게도 열성이 필요합니다. 공공성을 이야
기할 때, 먼저 '누가 주체냐'는 질문을 던져야 합니다. 공공성
을 말할 때 주체는 노동자와 시민이어야 합니다. 즉, 우리 자
신이 주체라는 의식이 필요합니다. 저는 주제적 의식 형성을 위
해서도 학습은 필수적이라고 봅니다. 그런데 시민사회 운동이
나 노동 운동을 하는 사람들도 나와 우리를 바꾸기 위한 학습
보다는 나와 내가 속한 세력의 헤게모니 장악을 위한 조직을
우선시해 왔습니다. 통합을 주장하기도 했지만 자파의 헤게모
니가 전제된 것이었고, 공동으로 추구할 가치는 토론조차 되

지 못했거나 주변으로 밀려났습니다. 가령 민주노총도 노동계급 전체의 이익은 뒷전으로 밀려났고, 조직 보전을 위한 이기주의가 심해지고 정파 간 헤게모니 투쟁이 마치 운동인 양 자리 잡게 된 게 아닌가 싶습니다. 진보는 오늘 재구성이 필요한 게 아니라 시작으로부터 다시 시작해야 할 지점에 있다고 봅니다. 재구성이 아니라 새로 구축해야 한다는 것이지요.

　IMF 이후 노동유연성이 어떤 결과를 갖고 올 것인지 노동운동 진영조차 제대로 인식하지 못했고 올바로 대처하지 못했습니다. 비정규직 등 불안정 노동을 확산시켰고, 그리하여 오늘 한국 사회구성원들의 존재조건의 보편성은 프롤레타리아(Proletariat)라기보다 프레카리아트(precariat, '불안정한'을 뜻하는 'precarious'와 'proletariat'를 합성한 조어이다. 불안정한 고용·노동 상황에 놓인 비정규직·파견직·실업자·노숙자들을 총칭한다. 불안정한 프롤레타리아트(무산계급)라는 뜻으로, 신자유주의 경제 체제에서 등장한 신노동자 계층을 말한다. 이탈리아에서 2003년 최초로 사용하기 시작해, 2005년 프랑스 최고고용계약법 관련 시위에서 쓰인 바 있다. 전 세계적으로 우리나라의 '88만 원 세대', 일본의 '잃어버린 세대', 유럽의 '700유로 세대' 등 불안정 계층은 점차 젊은 층으로 확산되고 있어 사회적으로 문제가 되고 있다.)가 되었습니다. 젊은 세대는 취업난에 시달리고 비정규직 노동자들이 속출하고 있는데, 수구적인 보수 정당에서조차 경제민주화를 얘기해야 할 만큼 노동자들, 자영업자들의 처지는 지극히 열악합니다.

　이러한 문제를 근본적으로 인식하고 극복하려면 자본주의 사회에 대해 제대로 공부하지 않으면 안 될 것입니다. 누구나 상식적으로 알고 있듯이 우리는 지금 자본주의 사회에 살고 있습니다. 우리가 살고 있는 사회를 비판적으로 인식하는 만큼 주체적 자아 형성의 지평이 열린다면, 사회과목에서 자본주의 사회에 관해 공부해야 합니다. 하지만 자본주의에 대해 공부하지 않다 보니 신자유주의 체제와 그것이 낳는 노동유연성 등이 우리의 삶을 어떻게 파괴시키는지에 대해 비판적으로 인식하지 못했습니다. 맥없이 당할 수밖에 없는 상황에 처하게 됐던 것인데 진보 진영에서조차 선배 잘못 만나 몇 권의 책을 읽은 것으로 태양의 진리를 획득한 양 학습을 멀리하고 우물 안에서 헤게모니 투쟁에 머물고 있으니 대중으로부터 멀어진 것은 당연한 귀결일 것입니다. 제가 시작으로부터 다시 시작해야 한다고 말씀드린 배경이기도 합니다.

몰상식한 언론이 주류가 된 세상

김민웅 이제, 언론에 대한 이야기로 넘어가고 싶은데요. 우리 사회가 해결해야 할 문제들을 담론화하기 위해서는 언론의 역할이 중요하잖아요. 그런데 최근에는 종편 등이 더더욱 강력하게 지배

권력을 옹호하는 쪽으로 보도하고 있습니다. 이런 언론 환경 아래, 정상적인 소통은 기대하기 어렵고 논의 또한 정확한 근거를 가지고 진행되지 못하는 상태입니다. 그렇다고 대안 언론들이 제대로 역할을 하고 있는 것도 아닙니다. 언론은 단지 그날그날 새로운 뉴스만을 쫓아다니는 것만이 아니라, 현실의 본질에 대한 치열한 탐구와 분석을 해야 합니다. 상당히 꾸준하고 장기적인 공부가 있어야 합니다. 그것이 누가 보기에도 "권위 있는 언론"을 만들어내는 힘이라고 봅니다. 물론 매일 바쁘기도 하겠지만, 좀 더 깊게 파고들고 체계적으로 분석할 수 있는 역량을 길러내는 노력이 절실합니다.

홍세화 가령 우리 사회의 신문은 진보와 보수로 나뉘는 게 아니라 누군가 말했듯이 상식적인 신문과 몰상식적인 신문으로 나뉩니다. 그런데 상식적인 신문이 무너져 가고 있는 것이 문제입니다. 구독을 하면 돈을 주겠다고 독자를 현혹하는 신문이 판치는 세상이 아닌 상식적인 신문이 바로 서려면, 사회구성원들이 공공재인 신문을 자신의 사적 이익을 극대화할 수 있는 사회 환경을 조성하기 위한 정치적인 무기로 사용하는 집단을 멀리할 줄 알아야 합니다. "신문은 사회의 거울이다"라고 말하는 건 신문에 사회의 모습이 실리기도 하지만 신문 구도 자체가 사회의 반영물이라는 뜻이기도 합니다. 그 점에서 한국에 조중동 같은 몰상식한 신문이 주류를 차지하는 것은 그만큼 우리 사회가 몰상식한 사회임을 반영한다고 말할 수 있는 것이지요.

김민웅 선생 말씀처럼 실제로 기자들이 공부를 안 하고 있는 것도 문제입니다. 이른바 몇몇 진보언론도 진보진영을 옹호하는 조직으로 존재할 뿐이지 학습을 하지 않고 있습니다. 기자의 업무가 바쁘다는 이유로 책을 읽지 않고 있습니다. 현실 문제와 관련하여 끊임없이 인식의 지평을 넓혀 가야 하는데, 그러지 못하니 한계가 뚜렷이 나타날 수밖에 없습니다.

한국에 조중동 같은 몰상식한 신문이 주류를 차지하는 것은 그만큼 우리 사회가 몰상식한 사회임을 반영한다고 말할 수 있는 것이지요.

김민웅 결국 다시 또 교육에 대한 이야기로 가지 않을 수 없네요.

질문하고 사유하는 교육 환경을 만들기 위해

김민웅 문학 작품을 예로 들어보죠. 모파상(Guy de Maupassant)의 〈보석〉이라는 단편은, 주인공 남자가 자신의 아내가 남긴 모

우리의 교육이 가령, "정치에 관심을 두지 않고도
우리는 행복할 수 있을까?"라는 식의 질문을
던지고, 학생들이 이에 대해 토론하고 에세이를
쓰도록 할 수 있을까요?

조 보석을 생활고를 해결하기 위해 팔러 갔다가 그것이 진품인
것을 알게 됩니다. 아내가 그것을 어떻게 얻게 되었는지 생각
하기 시작하면 골치가 아파지고, 윤리적 판단을 해야 하는 상
황이 됩니다. 그러나 이 남자는 평소에는 진정한 보석이란 타
고난 본성, 아름다움 등이라고 주장했지만 막상 막대한 가격
이 매겨지는 보석 앞에서는 아내가 어떻게 그걸 가지고 있게 되
었는지, 자신의 애초의 가치관은 어땠는지 일절 묻지 않게 됩니
다. 그런 생각을 할 겨를을 주지 않으려고 그냥 보석가게로 들
어가 그걸 팔아 큰돈을 손에 쥐게 됩니다. 이 "생각"이라는 걸
하지 않는 쪽으로 해야 인생이 편해지는 현실에 대한 모파상의
풍자입니다. 바로 이런 생각을 할 수 있도록 하고 그걸 길러주
는 것이 곧 교육의 책임이 아닙니까?

그런데 우리의 교육은 이런 생각을 지워나가고 있습니다. 이
사회의 부는 어떻게 해서 생겨난 것이지? 그 부는 과연 윤리적
인가? 권력과 부가 지금의 그 자리에 있기까지 누가 자기도 모

르게 희생되었을까? 이런 식의 질문들은 담아내지 않는 것입니다. 우리의 교육이 가령, "정치에 관심을 두지 않고도 우리는 행복할 수 있을까?"라는 식의 질문을 던지고, 학생들이 이에 대해 토론하고 에세이를 쓰도록 할 수 있을까요?

홍세화 그렇죠. 그게 바로 프랑스 바카로레아(Baccal aureat)의 질문 방식이기도 합니다. 교육이 가장 큰 문제이죠. 우리나라에서는 자신의 정체성을 형성하지 못하게 하고, 사유를 못하게 하며, 사회에 대한 성찰을 불가능하게 만드는 교육이 이루어지고 있습니다. 역사와 사회, 정치, 경제, 지리, 도덕, 철학 등 인문사회 과목이 암기과목이 되었기 때문이죠. 얼마나 암기를 잘하느냐에 따라 성적을 매기고 있죠. 인간과 사회에 관한 자기 시각을 못 기르게 하고 있습니다. 이것이 크나큰 문제이죠.

김민웅 자기 목소리를 실종시키는 교육을 하고 있죠. 스스로 자기 생각을 만들어내고 표현하고 그것이 하나의 사회적 발언이 되도록 하는 교육은 배제당하고 있습니다.

홍세화 그렇죠. 모든 학생들에게 자기 정체성, 처지와 개성과 관계없이 똑같은 내용을 입력시키고 있죠. 자기 목소리를 갖고 이야기하는 학생은 학교에서 무시를 당하죠. 교사가 말하는 것에 의문을 품고 질문을 던지면 문제아로 낙인찍히게 되죠. 이로 인해 여러 가지 문제가 생기게 되었습니다. 자신의 생각을 펼쳐 나가는 의식의 지평도 넓히지 못하고, 수구 세력이 요구하는 사고만을 갖추게 된 것이죠. 수구 세력은 이러한 교육을 통해 비판적인 생각들을 원천적으로 차단하고 있습니다. 학교에서 가르치는 역사와 사회, 경제, 지리 등 인문사회과학은 인간과 사회에 대한 사유 능력, 인식 능력을 키우는 학문입니다. 그런데 오늘날 학교 교사의 대부분은 수구 세력이 원하는 가치관을 심어주는 숙달된 조교 노릇을 하고 있습니다.

한국의 인문사회과학 교육이 왜 이런 지경에 처하게 되었을까요? 앞에서도 이야기했지만 일차적으로 한국의 근대식 교육이 일제 강점기 때 정초되었기 때문이죠. 군국주의 일본은 국가주의 교육의 일환으로 인문사회과학을 주입식 암기과목으로 만들었습니다. 개인은 국가의 종속물이고 그래서 천황에게 무조건 복종해야 한다는 등의 의식을 주입하도록 했습니다. 게다가 식민지 백성이었으니 주인의식을 심어줄 이유가 전혀 없었던 것이지요. 그런데 지금도 이 방식을 그대로 답습하고 있습니다. 우리는 주입식 교육에 따라 암기를 해야 하고, 암기를 얼마나 잘하느냐에 따라 학생들을 줄 세우고 있습니다. 유럽 사회에서 대학 평준화가 이루어진 것은 학문 자체가 학생들을 줄 세울 수 없다는 것을 알고 있기 때문이기도 했습니다. 인문 사회과학에 해당하는 교과목은 학생들을 합격과 불합격으로 구분할 수 있을 뿐이지, 정확히 줄 세울 수 있는 학문이 아니라는 것입니다. 예컨대, 어느 학생의 국어 능력이나 역사를 보는 안목을 어떻게 정확히 측정할 수 있고 석차를 매길 수 있나요? 불가능한 일입니다. 그런데 우리는 그것을 당연한 일인 양 하고 있습니다. 문제는 그렇게 하기 위해 학문을 비틀었다는 점입니다.

사회구성원들 각자가 사회 문제를 논할 수 있는 주체가 되도록 하는 게 중요합니다. 학교의 주체가 학생인 것처럼, 사회에서 주체는 시민이 되어야 합니다. 사회가 변하려면 시민의식이 성숙해야 합니다. 그러기 위해서는 학교 교육에서 인문사회과학을 제대로 공부할 수 있는 여건 마련이 필수적인 것이지요.

김민웅 서구 근대 철학의 중심을 세운 칸트(Immanuel Kant)의 이야기도 결국, 생각의 주체는 곧 나 자신이고 그 능력은 우리 안에 이미 존재한다는 주장 아니겠습니까? 이 주체는 또한 고정되어 있는 것이 아니라 모순과 직면하면서 새로운 자신을 발명하고 진화시켜 나간다는 것이 헤겔의 요지이기도 하고요. 서구

철학사에서만 예를 들어 좀 아쉽지만, 인간에 대한 근대정신의
뿌리는 굳건하게 믿고 있던 신념 체계도 스스로 의문을 품고
비판적으로 평가하고 해체시키고 새롭게 구성할 수 있는 정신
의 힘이라고 봅니다. 이 정신을 기르는 것이 교육의 과제인데,
우리 교육은 새로운 질문을 던지거나 심도 깊은 생각을 하지
못하게 하고 있습니다. 좀 전에 홍 선생님께서도 말씀하셨듯
이, 일제 교육은 식민지 체제를 운영하기 위해 필요한 인력을
동원하기 위해 수동적인 학생들로 만들었잖아요. 이 방식이 그
대로 답습되고 있는 상태 아니겠습니까? 대학에 들어와서 비로
소 토론을 경험하게 되었다는 학생들이 대다수입니다.

홍세화 한국에서는 중·고등학교서도 사립학교 비율이 적지 않고 대학
은 사립이 훨씬 많습니다. 교육의 공공성이 확보되지 못한 것
이지요. 사익을 추구하기 위해 학교를 운영하고 있고, 사익을
추구하는 집단이 교육 권력을 장악하고 있는데요. 문교부든
교육부든 교육 부처를 담당하는 사람들은 공공성을 우선해야
하는데 사익 추구에 익숙한 사람이 수뇌부에 포진해 있고, 이
런 사람들이 계속 그 자리에 머물러 있는 실정입니다. 그리고
교육부 부처에 있던 사람이 사립학교의 이사로 가는 경우도 허
다합니다. 그러니 교육에 큰 변화가 없는 것이죠.
　　이런 상황에서 성적에 따라 대학서열화가 진행되었는데, 다
아시는 바처럼 유럽에는 대학이 평준화되어 있습니다. 우리는

SKY 대학에 가기 위해 전쟁을 벌이고 있는데, 파리 1대학이든 13대학이든 학생이 사는 지역에서 가까운 대학에 가는 구조입니다. 우리는 대학에 입학하면 공부를 안 해도 되고, 그래서 지금은 주로 스펙을 쌓기 위해 대학에 다니고 있지 않습니까? 평준화되어 있는 유럽의 대학에 대해 경쟁력을 의심하는 사람이 있겠지만 한국처럼 대학에 입학하는 순간 경쟁이 거의 마감되는 구조와 유럽처럼 대학에 들어가면서 경쟁이 시작되는 구조 중 어느 쪽이 더 경쟁력이 있을지는 조금만 생각해 봐도 알 수 있는 일이 아닐까요?

일례로, 프랑스의 한 법과대학에서는 매년 20%의 학생을 유급시키고 있습니다. 또 인문사회과학을 중요시합니다. 프랑스에서는 나라말인 프랑스어 수업을 고2까지만 하고 고3이 되면 프랑스어 시간이 없어지고 그 대신 철학을 배웁니다. 그리고 대학 입학시험에 철학이 필수로 치러집니다. 우리나라에서도 철학 또는 다른 여러 가지 사고 능력을 종합할 수 있는 평가를 치른다면 사회구성원들이 지금보다 사유하는 힘을 기르게 되지 않을까 생각해 봅니다.

우리나라는 헌법 제1조가 말하고 있듯이 민주공화국인데, 그렇다면 민주공화국의 공교육의 일차적 소명은 모든 국민을 민주공화국의 구성원으로 형성하는 일입니다. 이는 누구도 부정할 수 없는 당연한 요구입니다. 학교에서 학생들에게 가장 강조해야 할 가치는 질서나 국가경쟁력이 아니라 민주주의와 공공성이어야 한다는 것입니다. 저는 학교에 다니면서 주입한 의식은 반공과 방첩, 질서 이데올로기였습니다. 참고로 덧붙인다면, 프랑스 공교육의 3원칙은 '보편, 무상, 세속성'이어서 대학 교육도 무상에 가까운데, 세속성이 공교육의 3원칙에 포함된 것은 교육 부문에서 가톨릭의 영향력이 워낙 컸던 역사적 배경이 있었기 때문입니다. 여기서 다시 강조하고 싶은 말은 각급 학교 교문에 '자유, 평등, 박애'의 세 글자가 새겨져 있다는 것입니다. 프랑스 공화국의 국가이념이 청백홍의 삼색기로 표현되기도 하는 자유, 평등, 박애이므로 프랑스 공교육의 현장인 학교에서 이 세 개의 가치를 강조하는 것입니다. 우리나라가 민주공화국이라면 우리 학교에서 강조되어야 하는 것이 민주주의와 공공성이듯이 말입니다.

김민웅 좀 전에 교육 부처에 있던 사람이 일선 학교 교장이나 총장으로 가는 경우가 허다하다고 하셨는데, 다 그런 것은 아니라 해도 인맥의 구조상 이들이 교육부와 수구 세력을 위한 손발 노릇을 할 수 있으니 문제가 되죠. 비판적 사유의 힘에 대한 갈망이 없는 상태에서 어떤 교육이 제대로 가능하겠습니까? 고정관념을 재생산하고 권력이 정리해 놓은 생각을 정답으로 받아들이는 훈련을 시키고 있는 경우가 적지 않습니다. 특히 역사교과서 문제도 모두 이와 관련된 사안 아니겠습니까?

홍세화 우리 교육은 학생들로 하여금 '네 생각이 무엇이니?' 하고 질문
하지 않잖아요. 학생들이 사유하는 것을 원하지 않으니까요.
'너는 이것을 암기하고 있느냐'만 확인할 뿐이죠. 유대인은 가
정교육을 하면서 부모가 아이에게 끊임없이 '네 생각은 뭐니?'
라고 질문을 하는데, 우리는 가정에서도 학교에서도 그렇게 하
지 않죠. 데카르트(Rene Descartes)는 '나는 생각한다. 고로
나는 존재한다(Cogito, ergo Sum)'라고 했잖아요. 이 말이 제
게는 '내 생각의 내용, 유형, 상태가 내 삶의 방향을 규정한다'
는 것을 의미합니다.

그런데 우리나라 학교에서는 암기식 공부를 하게 하고 정답
만을 강요합니다. 암기식 교육은 정답이 없는 학문인 인문사
회과학에도 정답을 만들었습니다. 글쓰기가 없는, 그래서 독
서와 토론이 없는 교육은, 결국 나 자신도 없게 합니다. 내 생
각이 없으니 내가 없는 것이지요. 이렇게 학생들로 하여금 자
기 생각을 하지 못하게 하는 주입식 교육은 어떤 결과를 가져
왔을까요? 인간과 사회에 관해 자기 생각이 거의 없는 무뇌아
들을 양산했습니다. 이해관계에서는 영리할 술 모르나 사회문
화적 소양은 아주 낮은 수준에 머물고 있는…….

그렇다면, 교육 문제에 관심 있는 분이라면 누구나 지적하는
주입식 암기 교육을 왜 여태껏 손 놓고 보고만 있는 것일까요?
우리나라같이 경쟁이 심하고, 자본과 수구 세력이 결탁해 지배
하는 사회에서는 자기 생각이 없는 사람들일수록 지배하기 편

하기 때문이 아닐까요?

김민웅　결국 교육은 정치와 깊숙이 맞닿아 있는 거지요. 이런 교육은 자신의 생각을 만들어가는 과정을 처음부터 차단합니다. 자신보다 권위가 있다고 여겨지는 상대가 정해 놓은 것을 답으로 받아들이는 습관을 길들이는 거지요. 그런 과정에서 이른바 "권위"에 대한 질문이 가능해지지 못하고 맙니다. 출제자의 의도를 파악하라, 이거 수십 년 동안 교실에서 듣는 이야기 아니겠습니까?

　물론 문제의 의도를 정확히 아는 것은 중요하지만, 이런 식의 교육은 눈치 보게 만들고 자신의 생각과 출제자의 의도를 충돌시키기도 하는 발상을 하지 못하게 만들지요. 출제자의 의도라는 말 속에 담긴 권위가 정해 놓은 틀 안에서 꼼짝 못하고 마는 겁니다. 그렇게 해서 고정관념을 재생산하는 것을 공부하는 것으로 착각하게 만들고, 고정관념화 된 생각을 비판적으로 되짚어내지 못하는 인간이 되는 거죠.

　너무 과도한 해석 아닌가 싶을 수도 있지만, 이런 교육을 극복할 수 있는 다른 방식이 교육 현장에서 없다는 게 문제지요. 책을 읽는 것은 생각을 풍부하게 하고, 글을 쓰는 것은 생각을 명료하게 만들어주고, 토론을 하는 것은 생각하는 힘을 엄청나게 활성화시키는 것 아니겠습니까? 그런데 이 나라 교육은 지금 "생각하는 것은 힘들어, 싫어. 그냥 네가 답을 줘" 하는 식으로 이끌어 가고 있는 게 아닌가 합니다. 자신의 인간적 가치와 능력, 목표가 자기 비하되고 있는 것을 모르는 겁니다.

홍세화 주입식 교육이 진보 세력 내부에서도 행해지고 있어서 문제입니다. 진보 세력에서는 '의식화'라는 말을 자주 사용하는데, 이때에도 의식화는 의식을 주입시키는 것을 의미합니다. 앞에서도 이야기한 바 있는데요, 우리 사회는 진보조차 '선배 따라 강남 가는 것'처럼 주입된 진보가 많습니다. 선배가 누군가에 따라 정파가 결정되고 있으니 얼마나 우스운 일입니까?

그런데 '의식화'라는 말은 부정적인 의미로도 쓰입니다. 지배 세력은 전교조 교사들을 비판하기 위해 그들이 순진한 학생들을 '의식화한다'는 표현을 씁니다. 전교조 교사들이 학생들에게 생각을 심어준다는 것을 비난하기 위해 그런 표현을 쓰는 것이죠. 의식화된 인간이 아니라 스스로 사유하는 인간을 형성하기 위해서는 무엇보다도 교육 과정에서 사유하는 힘을 길러야 합니다. 그것은 결국 학교 교실에서 암기가 아닌 글쓰기를 일상화할 때에 가능할 것입니다. 왜 그럴까요?

인문사회과학에는 인간과 사회에 대한 물음이 담겨 있습니다. 인문사회과학에는 정답이 없으므로 질문하고 사유해야 하는 학문입니다. 인문사회과학을 공부하기 위해서는 사유와 논리, 인식 능력, 감수성이 필요한데, 이와 관련된 능력을 얼마만큼 갖고 있는가를 평가하기 위해 필요한 것이 글쓰기입니다.

그런데 우리는 글쓰기를 하지 않고 있습니다. 학교에서조차 글쓰기를 제대로 안 하고 있고, 학생들에게 사유할 것을 요구하지 않고 있습니다. 우리의 교육은, '나는 생각한다, 고로 존재한다'를 외우게 할 뿐 학생들을 생각하는 존재로 대접하지 않고 있는 것입니다. 군국주의 일본 시절이나 마찬가지로 민주공화국의 주체적 시민을 기르고 있지 않은 것이지요.

사유와 실천을 공유하는 시민 교육을 위해

김민웅 결국은 우리 사회의 교육이 생각하지 않고 명령을 수행하는 인간을 만들어내는 꼴이지요. 그런 식으로 되다 보니 주체적인 인간으로서의 윤리적 책임의식은 사라지고, 남들에게 책임을 전가하는 습관만 생겨나는 것이지요. 그런 태도는 결국 공동체의 운명에 대해 책임감 있는 참여나 실천을 가로막는 것 아니겠습니까? 정의롭고 선한 공동체를 만들어가는 정치의 근본이 무너져 있는 것입니다. 이것은 시민 민주주의의 토대를 기초에서부터 해체시키는 결과를 가져오고 있습니다. 특히 책을 읽지 않는 시민을 양성하고 있는 것은 대단히 중대한 우리 사회의 위기라고 봅니다. 국가가 출판의 생태계를 성장시키는 일에 별로 관심이 없고, 언론과 대중매체도 대중들을 책에 대한 관심으로부터 멀어지게 하고 있습니다. 성숙한 시민을 위한 지식공동체를 위한 정책은 보기 어렵습니다.

지식 생태계의 다원성을 확보하는 것은 대단히 중요한 일 아니겠습니까? 그래야만 우리 사회의 상상력, 지적 능력, 감성의 힘, 공감대 등이 다채롭게 확장될 수 있는 것 아닙니까? 그걸 위해서는 출판문화의 성장을 위해 각별한 노력을 기울여야 한다고 봅니다. 큰 출판사뿐만 아니라 작은 출판사도 소신을 가지고 책을 만들어낼 수 있는 환경이 절실하지요. 도서관도 훨씬 더 확충되어서 도처가 시민들을 위한 교육의 자원이 풍부한 나라가 되었으면 해요. 이런 식으로 나가다가는 다음 세대의 지적 능력, 독서력은 절망적인 수준이 될 수 있습니다. 대학 현장에서 느끼게 되는 현실입니다. 교육과 독서, 이 문제는 정치의 중심을 바로 잡는 핵이라고 믿습니다. 책을 많이 읽고 토론하고 생각하는 나라의 정치는 단연코 달라지리라 봅니다.

홍세화 책을 많이 읽고 토론하고 생각하는 나라……. 그렇습니다. 그런 나라를 생각만 해도 가슴이 뿌듯해지네요. 그런 나라에서 정치는 단연코 딜라질 것입니다. 어색한 말이시반 능력도 부족한 제가 문제의식을 공유하는 여러 분들과 함께 '가장자리'라는 학습공동체를 꾸리고 〈말과활〉 잡지를 펴내게 된 배경도 작은 기여이지만 그런 나라를 꿈꾸기 때문이라고 말해도 될까요? (웃음)

김민웅 〈말과활〉이 잘되었으면 좋겠습니다. 원래 우리 조상들이 말
타고 활 쏘는 실력이 남달랐잖아요. 과녁 잘 맞추서서 말(言)
이 살아나는(活) 기쁨이 있으면 합니다.

제4부

사회개혁,
시민이 주인이
되는 세상을 위해

특권과 기득권을 내려놓겠다지만
4대 권력기관은 국민 위에

김민웅 박근혜 정부가 출범한 지 어느덧 1년이 지나가는 상황입니다
만, 대선 당시 공약은 어디론가 사라지고 정국은 날로 살벌해
지고 있습니다. 정국의 고리를 풀 정치력이 거의 전혀 없는 정
권입니다. 무엇보다도 민주주의의 시계가 거꾸로 돌아가고 있
습니다. 아니 민주주의 자체를 붕괴시키려고 작정을 하는 세력
으로 보입니다. 이들의 적은 곧 민주주의라는 생각마저 늘 정
도입니다. 특히 노인복지와 관련된 공약들을 제대로 지키지 못
하면서 박근혜 대통령의 지지율이 하락하자, 여당은 국면전환
을 꾀하기 위해 국정원 등 권력기관을 동원해 여러 일들을 벌이
고 있습니다. 공약을 애초부터 없던 것으로 하는 모습은 정치
적 사기에 다름이 아닙니다. 그럼에도 일말의 송구스러움이나

자책감도 없는 권력입니다. 현실에 맞게 조정했다는 식이니, 뭐든 그런 식이라면 공약이란 처음부터 그럴 가능성이 있다고 해야 옳지요.

요즈음은 다소 정치적 흥분이 가라앉기는 했지만, 국정원은 이석기 의원이 혁명조직 RO의 총책이라고 주장하며 내란음모 죄를 걸고 나왔습니다. 이 사건의 경우 국정원이 주장한 내란음모 혐의의 입증자료인 녹취록은 증거능력도 문제지만 내용상으로도 혐의의 물증이 되지 못한 상태입니다. 더 큰 문제는 어떤 언론도 이에 대해 엄밀하게 검증하지 않았습니다. 근거가 확실하지 않아도 범죄를 확증하는 일에 아무런 객관적 합리성의 추구나 내적 성찰이 없는 것입니다. 오히려 언론에 의해 이석기 의원의 내란음모 혐의가 기정사실화 되었습니다. 통합진보당과 이석기 의원에 대해 비판하고 문제를 제기할 수는 있다 해도, 그렇다고 이렇게 실체도 없는 내란으로 몰아 국정원을 비롯한 국가권력의 대선개입 문제에 대한 사회적 관심을 달리 돌리려는 현실을 언론은 지원해 주는 역할을 톡톡히 했습니다. 국회에서도 사실을 규명해야 하는 절차를 무시하고 체포동의안이 통과됐습니다. 이렇게 공안기구와 헌법기관, 그리고 언론이 모두 한편이 되어 여론몰이를 하는 것은 공안정치를 심화시키는 것이며, 대중 파시즘 정치를 확산시키고 있는 것입니다. 이것은 상당히 위험합니다. 이를 막지 못한다면 향후 누구에게 피해가 돌아갈지 모릅니다.

지난 대선에서 국정원과 경찰, 군 사이버 사령부, 보훈처 등은 조직적으로 권력 창출의 과정에서 적극적인 역할을 했다는 정황이 너무도 확실히 드러난 상태입니다. 그런데 이걸 은폐하려다 보니 계속해서 무리수가 나오고, 자신의 정통성 문제를 해결할 전망이 보이지 않는 현실에서 박근혜 정권은 "너, 대선 불복이지? 너, 종북주의자구나?" 하는 일방적인 으름장으로 대응할 뿐입니다.

하지만, "선거를 통한 국민주권의 행사"라는 민주주의의 기본권을 훼손한 권력기관의 대선공작은 그 끝을 보지 않고서는 끊임없는 논란과 저항을 불러일으킬 수밖에 없을 겁니다. 촛불 시민과 종교계를 필두로 "대통령 사퇴", "당선무효"와 "재선거" 주장까지 나오는 판국입니다. 그만큼 이 사건에 대한 시민사회 일각의 인식이 심각한 것입니다. 또한 이러한 인식은 아직 광범위한 수준과 규모는 아니나, 날이 갈수록 확산되고 있는 추세입니다.

박근혜 정부에 들어와서 벌어지는 여러 사건들은 결국 여당에 대한 비판을 잠재우고 국면전환을 꾀하는 것들이라 할 수 있습니다. 노무현 대통령과 문재인 의원을 "북방한계선 NLL 포기"와 연관시키는 정치 이미지 작업을 통해 종북이라는 틀을 정치적으로 극대화하려 들었지요. 국가권력기관의 대선공작에 대한 수사와 처벌, 그리고 개혁에 대한 요구를 대충 흐리게 하려고 전교조와 전공노를 과녁으로 삼아 탄압의 강도를 높이고 있는 중입니다. 기존의 법질서와 제도 밖으로 밀어내서 불법화하는 전술을 펼치는 거죠. 제도 안에서 자신들의 권한을 독점적으로 구축하겠다는 의도 아니겠습니까? 노동자들의 정치적 권리를 확보하는 작업과, 국가권력기관의 기획, 공작을 동일한 수준에 놓고 볼 수는 결코 없는 일이지요. 본래 "공무원의 정치적 중립"이 가진 법정신은 인사권을 가진 권력의 명령과 동원에 대해 거부할 수 있는 공무원 사회를 만들기 위한 것이었고, 공무원들의 정치적 권리를 지키는 노력과 활동까지를 규제하는 것이 아닙니다. 이 점을 분명히 해야 할 겁니다.

그런데 박근혜 정권은 국정원의 불법적 행위는 보호하고, 민주사회에서 당연히 보장되어야 하는 교사와 공무원들의 정치적 권리는 탄압하는 모습을 보이고 있습니다. 이는 민주주의의 정신과 구조를 뒤흔드는 행위입니다. 물론 보란 듯이 물리적인 폭력을 동원하고 있지는 않지만, 법과 제도와 언론 등 모든 것을 장악하려 하고 있습니다. 따라서 지금은 전방위적인 저항이 필요한 때입니다. 이런 식으로 가다보면, 이들은 법과 제도를 통해 아예 저항을 원천봉쇄하는 비상조치적 정치를 펼치고 싶은 유혹에 빠질 수 있습니다.

이런 상황에서 앞으로 이 문제를 어떻게 풀어나갈 것인가가 우리에게 주어진 과제입니다. 현재까지는 진보 세력이 여당에 맞설 만한 동력을 확보하고 있지는 않는데, 박근혜 정권을 교체할 수 있는 미래적 대안을 확보하기 위한 노력이 절실합니다. 정치적 구심점이 만들어져야 합니다.

홍세화 말씀하신 대로 당연히 저항이 있어야겠죠. 박근혜 정권의 역사적 정치적 반동에 맞선 시민사회의 대응이 있어야 마땅합니다. 하지만 자본이 부추긴 욕망과 미래에 대한 불안으로 사회구성원들은 원자화, 파편화된 존재가 되어 있고, 박근혜 정부에서 벌어지는 일들에 무관심해지고 있습니다. 최근 벌어지는 사건들을 보면서 많은 구성원들은 정치권력을 쟁탈하려는 여야 간의 싸움이라고만 여기고 있는 듯합니다. 전교조 법외노조화나 전공노 수사, 진보당 해산 심판 청구 등 현 정권이 기본적으로 힘의 논리만을 앞세운 채 노동조합과 진보 정당을 거부하는 반민주적이며 권위적인 행태를 보이고 있는데, 여기에 맞서는 시민사회의 동력은 집결되지 못하고 있는 실정입니다. 여기에는 수구언론이 지배하고 있는 환경도 작용하겠지만 또 하나 짚고 넘어가야 할 게 있습니다. 그것은 두 차례의 자유주의 정권을 거치면서 대중의 눈에 시민사회 운동단체들을 민주당 세력과 동일시하도록 만든 점이 있다는 것입니다. 그동안 시민사회 운동단체나 조직들은 김대중 정권, 노무현 정권과 비판적인 거리를 유지하기보다는 지도층에 있었던 사람들이 적지 않게 정권에 흡수되는 경향을 보였습니다.

이는 시민들의 자발적 참여가 부족하여, 걸핏하면 "시민 없는 시민단체"라는 말까지 들어야 하는 상황에서 여러 모로 열악한 처지를 오랜 동안 견뎌야 했던 단체의 지도층 인사나 활동가들이 민주적 정권의 손짓을 거부하기는 무척 어려웠다는 점을 인정해야겠지요. 그럼에도 권력보다는 시민이나 민중을 향해야 하는 시민사회 운동의 존재이유나 목적이 두 정권을 거치면서 훼손되었다는 점을 무시할 수 없습니다. 노동 운동도 지난 시절에는 대중의 눈에 민주화 운동의 일환으로 비춰지기도 했지요. 그래서 설령 같은 노동자로서 계급의식이 부족했어도 지지하기도 했지만 지금은 그렇지 못하다는 점입니다. 박근혜 정권에 맞서는 시민사회 운동단체를 바라보는 대중의 시선도 마찬가지가 아닐까 싶은 거지요. 시민사회 운동이 여야

라는 정치권력을 놓고 다투는 장의 바깥에 우뚝 서 있지 못했던 것이 지금 부메랑이 되어 돌아오고 있다고 할 수 있다는 것입니다.

통진당 사태,
진보 진영의 나아갈 길은?

김민웅 상황이 이렇게 된 것은 집권 세력이 시민사회 진영과 진보 세력의 힘이 희박하다 보고 있고, 이들을 대중으로부터 격리시키는 작업을 했기 때문인 것도 원인의 하나 아닐까요? 특히 언론은 이러한 작업의 선봉에 서 있습니다. 무엇이 문제인지 말하는 목소리를 듣지 못하게 하고 있고, 설혹 듣는다 해도 그걸 대단히 악의적으로 이미지화하고 있습니다. 시민들의 다수는 여기에 자기도 모르게 길들여져 가고 있습니다.

또 하나의 이유는, 분단 체제의 현실입니다. "북"이라는 존재를 늘 방패막이로 삼아, 국민들을 위협하고 "정적(政敵)"을 북과 연결시켜 "공적(公敵)"으로 만듭니다. 이런 식으로는 남북 관계를 평화적으로 풀고자 하는 정치적 의지는 기대할 수 없습니다. 적대적 긴장이 있어야 내정에서 주도권을 잡는 방식이 지배 세력의 입장에서는 포기할 수 없는 틀이 되기 때문이지요. 이들은 그야말로 냉전 체제가 자신들의 정치적 운명을 쥐고 있다고 여기고 있을 테니, 분단 체제의 해소를 위한 노력을 어디 제대로 기울이겠습니까?

박근혜 정권은 통합진보당에 대한 해산심판 청구를 헌재에 넘겼는데, 통합진보당 해산에 대한 판단은 헌재에게만 달려 있는 게 아니라 우리 사회 전체가 판단해야 할 문제입니다. 이번 일로 진보란 무엇인가, 민주주의란 무엇인가를 치열하게 논의할 수 있는 밑바탕을 형성해야 합니다. 하루하루 너무 많은 일들이 벌어져서 그 전에 있던 일들은 다음 사건에 의해 그대로 파묻히고 사회적으로는 망각되고 마는데 이런 식의 되풀이에는 제동이 걸려야 합니다. 지배 세력은 시민사회가 이런 망각의 마술에 걸려, 아무런 비판적 의식 없이 자기들이 보여주고 말하는 대로 믿고 따르게 만들고 싶어 하지 않습니까?

통합진보당의 해산 문제도 그걸 면밀히 따져 생각하고 헌법과 민주주의, 진보의 관계를 명확히 정리하는 사회적 힘이 만들어져야 할 것만 같습니다. 그렇게 된다면 오히려 상황을 역전할 수 있는 계기를 마련할 수 있습니다. 시민사회 진영과 진보 세력이 집권 세력에게 전방위적으로 포위당하고 있는 형국이지만, 도리어 진보 세력이 자기 성찰을 할 수 있는 계기가 될 뿐만 아니라 문제의 원인을 파헤치고 문제 해결 방안을 사상적·철학적으로 새롭게 찾아낼 수 있는 계기가 될 수 있지 않을까요? 이러한 불씨를 살린다면 우리 사회가 어떻게 해야 더 나아질 수 있는가에 대한 해답을 구할 수 있을 것입니다.

우리의 삶 전반에 걸쳐 의식과 생존 문제에 이르는 갖가지 위협적인 사건들이 벌어지고 있습니다. 신보 진영이 이런 문제들을 종합적으로 진단하고 논쟁할 수 있는 자리를 마련한다면 정국의 전세를 바꿀 수 있는 반격의 기회가 생길 것입니다.

우리가 처한 분단 체제 또는 분단 상황은 민족주의 세력까지 범진보 진영에 포함하게 만드는, 다른 사회에서는 보기 어려운 특수성을 갖게 했지요.

더군다나 최근 친일 식민지사관을 바탕에 깔고 있는 교학사의 역사 교과서 문제가 터져 나왔고, 밀양 송전탑 건설에 대한 주민들의 저항을 비롯해서 우리의 삶 전반에 걸쳐 의식과 생존 문제에 이르는 갖가지 위협적인 사건들이 벌어지고 있습니다. 진보 진영이 이런 문제들을 종합적으로 진단하고 논쟁할 수 있는 자리를 마련한다면 정국의 전세를 바꿀 수 있는 반격의 기회가 생길 것입니다.

홍세화 말씀하신 진보 세력의 자기성찰이 필요하다는 점은 전적으로 동감합니다. 오히려 너무 늦은 감이 있다는 점을 부정하기 어려울 것 같습니다. 분단 체제에 관해 말씀하셨습니다만 우리는 휴전선 안과 바깥에서 적대적 공생관계가 관철되는 이중적 질곡에 처해 있다고 할 수 있습니다. 북한 체제에 적대적인 구도일수록 정치적으로 유리한 자리를 차지할 수 있는 남한의 수구적 지배 세력과 북한의 권력 사이에 적대적 공생관계가 관철되고 있다는 점은 많은 사람이 동의하고 있지요. 저는 그뿐만 아니라 남한 안에서 국가보안법을 고수하는 수구적 집권 세력과 진보 진영 내 종북 편향에서 벗어나지 못한 세력 사이에도 적대적 공생관계가 관철되고 있다고 말하고 싶습니다. 우리가 처한 분단 체제 또는 분단 상황은 민족주의 세력까지 범진보 진영에 포함하게 만드는, 다른 사회에서는 보기 어려운 특수성을 갖게 했지요. 그런데 민족주의 세력은 종북 편향에 대해 온

정적이었고 내부 비판이나 토론을 제기하지 않았습니다. 그것은 앞서 말씀드린 바와 같이, 노동조합 위원장 선출이나 진보 정치 진영 내 헤게모니 장악이나 영향력 경쟁에서 좌파에 맞서기 위해서도 문제제기나 토론을 제기하지 않도록 작용했다고 말할 수 있습니다. 실제로 이 세력이 민주노동당이나 민주노총에서 계속 헤게모니를 장악해 왔지요. 진보 정당의 경우 민주노동당에서 이들이 다수파로서 패권주의를 드러내자 분리되어 나왔던 것이 잘 알다시피 진보신당이었습니다. 이런 내부 사정을 사회구성원들이 잘 알 수 없었고, 왜 통합하지 않느냐는 주장만 주로 나왔습니다. 제가 말씀드리기엔 쑥스러운 감이 없지 않지만 진보적 지식인이나 한겨레 같은 언론도 이 문제와 관련하여 제 역할을 하지 않았다고 봅니다.

제가 지금까지 종북 편향이라는 말을 사용하고 있는데요. 여기서 제가 종북이라고 표현한 것은 북한의 권력 체제에 우호적인 세력을 뜻합니다. 수구적 집권 세력이 반대 세력을 모두 종북으로 몰고 있는 시점에 적절한 말인지 문제를 제기할 수 있다고 봅니다. 그러나 저는 그런 자세나 시각이 바로 진보 진영에 속하는 범민족주의 세력 일부의 종북 편향을 극복하지 못하게 만든 배경의 하나이고, 지배 세력에게 종북몰이의 빌미를 제공하게 되었다고 봅니다. 남한이 역사적으로 일제부역 세력을 청산하기는커녕 지배집단의 뿌리 자체가 일제부역 세력이었다는 점, 그리고 특히 대미관계에서 종속적이라는 점은 북한과

대비되는 점인데, 현대사 공부를 통해 이를 알게 된 사람들 중에 북한의 이러한 점에 경도되는 사람이 나오는 것은 한편으로 이해할 수 있습니다.

그런데 제 물음은 왜 거기서 멈추었는가에 있습니다. 사회를 인식하는 수준이 그 정도에 머물 때 무엇보다 대중의 지지를 받기 어렵다고 판단하기 때문입니다. 그런 상황에 있었는데 2012년 총선이 다가오면서 진보신당의 유력인사들이 진보신당에 남아 있다간 그들의 개인적 목표인 의회 진출이 어렵다고 판단하여 진보의 대통합을 주장하게 됩니다. 진보 쪽의 거의 모든 인사들과 한겨레신문도 이런 흐름에 동조했는데, 아무튼 그 결과로 탄생한 게 통합진보당이었지요. 제가 볼 때 당시의 통합 요구는 거의 폭력적이었다고 말할 수준이었습니다. 그것은 통합진보당이라는 당명으로도 알 수 있지요. 진보신당이 엄연히 남아 있는데 당명을 그렇게 지었지요. 통합에 참여하지 않은 정치 세력은 소멸시켜야 한다는 의지가 담겨 있었는데 진보신당 바깥에 있는 사람들 중 아무도 문제를 제기하지 않았습니다. 그러나 잘 알다시피 총선이 시나사마자 통합진보낭 사태라는 게 터져 다시 쪼개졌고 오늘의 지리멸렬한 상황에 이르게 된 것입니다.

김민웅 진보 정당들의 문제점을 말씀하시면서 통합이라는 단어가 폭력적이라고 말씀하셨는데요. 저는 통합을 강조해 왔기 때문에

말씀드리기가 좀 민망해지네요. (웃음) 해명을 좀 해보자면 우선 진보 정당 내부의 갈등과 대립 구도를 구체적으로는 잘 몰랐고, 통합이 폭력적인 방식이라기보다는 진보 세력의 분열과 지리멸렬을 극복하지 않고서는 대중적 위력을 발휘할 수 없다고 보았기 때문이었습니다. 결과적으로는 진보 진영 내부의 소수 세력들이 겪었던 상처나 아픔에 주목하지 못하고 말았던 것도 개인적으로 아쉬운 부분입니다. 그럼에도 대선이라는 중대 국면이 펼쳐지는 상황 앞에서, 저는 진보 세력의 힘이 팽창하여 집권 세력을 압도할 수 있는 방안이 무엇일까 고민하느라 통합의 필요성에 주목했던 것이죠. 통합이라는 방식이 아닌 연대도 생각해 보았지만, 그것은 너무 느슨하고 한국 사회를 오랫동안 지배해 왔던 세력과 맞서기에는 내부적 동력이 강하게 만들어지지 못할 것이라고 본 것입니다. 사실 보다 본질적이고 장기적인 전망과 결합력을 차근차근 만들어갔으면 가장 좋았겠지만, 정세변화의 속도가 워낙 빨라 그에 대처하는 문제도 사실 절실했던 것이 아닌가 합니다. 이제 와서 무엇을 탓할 수 있겠습니까만, 그만큼 진보 진영의 역량이 미달이었던 셈이었지요. 말씀하신 진보 내부의 "종북편향" 내지 "대북온정주의" 문제는 사회적 분위기의 변화에 따라 이제는 극복되지 않을 수 없는 사안이 되어가고 있다고 보여집니다.

한편, 통진당 해산이라는 문제가 불거졌고, 이로써 한 정당이 정치적 사형대에 올라가게 되는 일이 생기게 되었잖아요. 물론

통진당은 왜 이렇게 대중적으로 고립되었을까를
깊이 성찰해야 민중의 지지를 새롭게 받을 수
있습니다. 언론의 편향만 탓할 일이 아니라고
봅니다. 또 진보 세력은 통합진보당에 대한 비판적
시각과는 별도로 통합진보당 해산기도에 대해 적극
비판하고 막아내야 할 것입니다.

저는 예전에 통합진보당의 여러 가지 문제에 대해 비판적인 의견을 내놓기도 했습니다. 특히 정파주의의 문제가 패권주의로 번져나가면서 생기는 문제나 대중과 함께하는 자세가 부족한 것에 대해 달리 좀 생각해 보라고 그러기도 했지요. 그때 통진당을 비판한 것은 이 정당이 없어졌으면 해서가 아니라 자성을 하고 발전해 나갔으면 하는 마음에서 그런 것인데, 지금 이 정권이 하는 것을 보면 정당정치를 기반으로 하는 민주주의에 대한 기본 인식이 아예 없습니다. 대선 당시 박근혜 후보와 그의 부친 박정희의 친일전력에 대해 말한 것에 보복하는 모양새입니다. 정말 정치를 "졸렬"하게 하고 있지요. 국민적 지지와 판단에 따라 정당의 운명을 결정하는 구조를 완전히 파괴하고 있는 것입니다. 그런데 앞으로 과연 통합진보당이 더 성숙한 정당으로 거듭날 수 있을까에 대해서는 의견이 분분한 것 같습니다.

그래서 저는 두 가지가 필요한 것 같습니다. 우선 통진당은 왜 이렇게 대중적으로 고립되었을까를 깊이 성찰해야 민중의 지지를 새롭게 받을 수 있습니다. 언론의 편향만 탓할 일이 아니라고 봅니다. 또 진보 세력은 통합진보당에 대한 비판적 시각과는 별도로 통합진보당 해산기도에 대해 적극 비판하고 막아내야 할 것입니다. 이건 파시즘적 정치행위라는 점에서 진보 세력이 그대로 묵과하고 넘어갈 일이 결코 아니라고 생각합니다.

또한 진보 진영은 집권 세력에 맞설 정치적 구심점을 바로 세워야 합니다. 아까도 이 말을 강조했던 바입니다만, 그러기 위해서는 정말 자기 희생적인 지도자가 필요하다고 봅니다. 민중들은 그런 지도자를 알아봅니다. 그리고 그렇게 자기의 기득권을 포기하고 이 나라를 위해 자신을 던지는 사람들을 민중은 뜨겁게 지지할 겁니다. 어설프게 나오면 그 즉시 지지를 거두어버립니다. 이걸 모르는 채 지도자인 척하는 것은 자기기만입니다.

홍세화 지금 워낙 상황이 안 좋기 때문에 집권 세력에 맞설 정치적 구심점을 바로 세우기는 힘들 것 같습니다. 야권이 힘을 모으고 결속하기보다는 진보 세력 사이에 자리 잡힌 배제하고 배척하는 습성부터 개선해야 합니다. 특히 패권주의를 버려야 합니다. 진보 진영 내에서 지배력을 장악해 오면서 오만해진데다 학습을 멈추었기 때문에 결국 임계점에 이르게 된 게 아닌가 싶습니다. 2년 전만 해도 모두 진보로 모여 통합하자고 했는데 지금은 거의 모두 진보에서 도망치고 있습니다. 그만큼 진보는 이제 한국 사회에서 부정적인 이미지에 그치지 않고 아예 버림받는 이름이 되어 버렸습니다. "말아 먹는다"는 표현이 있잖아요? 몇몇 유력인사들의 그 얄팍하고 알량한 권력을 위해 통합이란 그릇에 우겨놓은 뒤 말아 먹음을 당한 게 바로 이 땅의 진보의 처지가 아닌가 싶은 거지요. 그래서 자꾸 허망함을 느끼게 됩니다. 노동자와 시민들에게 더 이상 실망을 안겨주면 안 되는데, 이대로 계속 가다가는 진보 세력 모두 완전히 침몰하게 될 것입니다.

시민을 위한 눈과 귀,
언론이 바로 서기 위해

김민웅 말씀하신 대로 권력에 대한 욕심이 문제인 것 같아요. 일부 진보 세력의 오만함 때문에 헌신적으로 역사에 기여했던 이들 가운데 희생당하는 사람들이 생기고 진보 전체가 무너지게 된 것 같습니다. 그럼에도 불구하고 우리는 잘못된 현실에 대해 끊임없이 저항의 전선을 펼쳐야 할 뿐만 아니라 현재 이후의 삶을 생각하고 논의하는 힘이 필요합니다. 저는 얼마 전에 '박근혜 이후를 생각한다(이 글의 자세한 내용을 알고 싶으면 〈프레시안〉 2013년 10월 23일 김민웅 칼럼 '박근혜 이후를 생각한다'를 참조하기 바람)'라는 글을 썼습니다. 박근혜 정권 이후를 상상하고 생각하는 것이 더 나은 현실을 만드는 데 중요한 대안이 되지 않을까 싶습니다. 박근혜 이후를 생각한다고 한다면 너무 조급하고 때 이른 상상이 아닌가 생각할 수도 있겠지만 그렇지 않습니다. 바로 이 생각을 중심에 놓고 오늘의 현실을 내다보지 않으면, 미래의 방향과 대안은 불확실해지고 시민들은 의지와 용기를 낼 수가 없습니다. 박근혜 정권은 현재 정상 가동 상태가 아닌데, 시민들에게 고통을 참고 살아가라고 강요하고 있습니다. 당연히 시민들은 이건 아니다 싶을 겁니다. 진보 세력은 이를 교체할 수 있는 대안을 보여줘야 합니다. 그런 역량이 진보 세력에게 있을까 싶기도 한데, 우리 사회 전체로 보자면 종교계를 비롯해서 시민사회의 역량은 기본적으로 진보적입니다. 진보 정당은 미미해졌지만 시민사회를 중심으로 한 이 힘이 최근에 들어서서 도처에서 폭발하고 있습니다. 저는 이걸 희망적으로 보고 있습니다.

　참 묘한 게 말이지요. 언론 상황은 아주 좋지 않습니다. 그런데 이런 상황에서 오히려 종편을 중심으로 정치 토크 프로그램이 많이 늘어나고 있습니다. 대다수가 보수일변도이기는 해도, 그런 가운데 공중파가 담지 못하고 있는 진보의 목소리도 이런 공간을 통해 방송이 되고 있습니다. 토론이라는 형식이 그걸 만들어내 주고 있는 거지요. 종편이 현실이 되면서 진보 세력이 이를 어떻게 대할 것인가가 고민이 되고 있는데, 저는 그 공간을 최대한 활용해야 한다는 입장입니다. 그런다고 해서 여론이 얼마나 달라질 것이며, 종편이라는 방송구조의 유지에 기여할 뿐이 아닌가 하는 비판도 있겠지만 어차피 큰 틀을 바꾸어내는 것이 지금 힘들다면 최대한 그 공간의 여지를 놓치지 말아야 한다고 봅니다.

물론 이들 방송이 시민의 역량과 어떻게 결합될 수 있느냐가 문제이긴 하지만 이를 통해 새로운 형태의 담론을 형성해 나가면 어떨까 싶습니다. 가령 JTBC의 9시 손석희 뉴스는 JTBC라는 구조 및 제도에 한계가 있을지라도, 언론환경에 중요한 변화를 보이고 있습니다. 이 방송이 새로운 담론을 형성하는 데 필요한 공간을 확보할 수 있다면, 더 나은 생각을 만들어나가고 새로운 힘을 만들 수 있지 않을까 싶습니다. 시사 주간지 〈시사인〉이 JTBC 9시 뉴스와 특종경쟁을 하게 될 줄을 몰랐다고 할 정도로 이 방송의 힘은 주목됩니다. 당연히 낙관하지는 않습니다. 이미 이 방송에 대한 집권 세력의 압박이 가해지고 있고, 어떻게 보면 그 존속이 위태롭게 보이기도 합니다. 그러나 이렇게 JTBC가 종편이라는 한계를 내용으로 뚫고 나가는 시도가 일정하게 이루어지고 있는 것은 우리에게 격려가 됩니다. KBS나 MBC는 이미 자신의 정체성을 잃어버린 지 오랜 상황에서 이나마라도 밀고 나가고 있는 것은 우리가 힘을 보태야 하는 것 아닌가 싶습니다.

홍세화 제 생각은 좀 다릅니다. JTBC 같은 종편도 결국 시장성을 추구하고 있다고 보는 거지요. 국가기간방송인 KBS나 공영방송인 MBC가 제 역할을 하고 있다면 JTBC가 지금 보이는 것과 같은 지향은 기대할 수 없었을 겁니다. 그랬더라면 지금의 JTBC는 시장성이 없었을 테니까요. 이를테면 JTBC는 KBS와 MBC가 제 역할을 하지 않음으로써 비워놓은 틈새를 공략하고 있다고 할 수 있다는 것이지요. 저는 JTBC 같은 사영 종편에 기대를 걸기보다는 KBS와 MBC 그리고 YTN 같은 방송의 공공성을 어떻게 확보하고 또 확장해 나갈 것인가가 더 중요하다고 판단합니다. 지금으로선 박근혜 정권이 공영방송까지 권력의 하수인처럼 장악하고 있어서 올바른 여론 형성이 가로막혀 있는 상황이기도 합니다. 그래도 지금 우리가 할 수 있는 모든 것을 해야 하지 않겠습니까? 지금 우리 사회가 진보 세력에게 요구하고 싶은 게 남아 있다면 그런 것이라고 봅니다.

김민웅 저는 아마도 KBS, MBC 그리고 YTN의 공공성 회복에 대한 기대를 자기도 모르게 접어버려 그런 모양입니다. 당연히 원칙적으로 그런 방향으로 가야 할 겁니다. 그런 중에도 우리에게는 권력에 대해 대놓고 말할 수 있는 공간이 절실합니다. 기존 언론은 그 역할을 포기한 지 오래구요. 대안언론 운동이 펼쳐지고 있지만, 이 역시 아직은 시민들의 지지기반이 탄

탄하지 못합니다. 뉴스타파, 팩트 TV, 국민 TV 등의 대안언론매체에 대한 시민들의 지원이 보다 확산되었으면 합니다. 부당한 권력에 대해 시민들이 들고 일어나 언론이 이를 보도하지 않고서는 도저히 배길 수 없는 상황이 와야 하는 것 같아요. 그러자면 역시 보통의 시민들이 소리를 내야 한다고 봅니다. 도처에서 떠들어야 하고, 손을 잡고 권력의 성채 주위를 계속 돌면서 무너질 것은 무너지라고 외쳐야 합니다. 그 강대한 여리고성(이스라엘 사람들이 이집트에서의 노예상태를 벗어나 오랫동안 광야생활을 마친 뒤 하나님이 지시하신 가나안 땅으로 들어가서 처음으로 점령한 성읍이다. 난공불락의 요새였으나 이스라엘 사람은 하나님의 지시에 따라 일주일간 그 성 주위를 맴돌았더니 그 성벽이 갑자기 와르르 무너졌고, 이스라엘은 손쉽게 점령했다.)을 무너뜨린 성서의 이야기도 바로 그렇게 성을 돌면서 외친 결과였습니다. 오늘의 현실에서 우리에게 시사하는 바가 적지 않습니다.

홍세화 물론 지금은 여당이 방송을 조중동처럼 만들려고 하는 상황인데요. 이럴 때일수록 현실적인 힘이 부족한 우리 자신을 되돌아봐야 합니다. 요새 여기저기서 힐링이 유행인데, 어쩔 수 없는 현실이니까 위안을 얻는 게 필요하다고 생각하는 데 그쳐서는 안 됩니다. 김대중, 노무현 정권 때도 정권만 교체되었을 뿐 다른 모든 부분에서는 보수 세력이 장악하고 있었잖아요. 오로지 힘의 논리만 관철되는 현실에서 힘없는 우리에게 필요한 것은 뱀의 슬기입니다. 저는 뱀의 슬기를 뱀이 땅을 기어가는 점에서 찾아야 한다고 생각합니다. 구체적 현실에 밀착해 있어야 한다는 것이지요. 현실적 힘을 키우기 위해서는 사회구성원의 의식을 바꾸는 게 필요하고 그것을 위해서는 일상의 정치가 필수적이라고 봅니다. 우리 자신을 좀 더 성숙시키기 위해 학습해야 하고 주위를 바꾸기 위해 집요하게 설득해야 합니다. 그런데 우리는 이 두 가지를 거의 포기한 상태에 있는 게 아닌가 싶은 거지요. 이런 상태가 지속된다면 극우 세력이나 사익추구 집단에게 결코 이길 수 없습니다. 극우 세력은 극단적인 성격 때문에 그 자체로 열성적이고 사익추구 집단은 사익을 추구하기 때문에 그 자체로 열성적입니다. 방송의 조중동화의 과정도 그들이 사익 추구에는 뻔뻔할 만큼 열성적이라는 점을 보여주지요.

그렇다면, 민주주의의 성숙, 인권과 공공성의 확장을 추구하는 세력은 얼마나 열성적인가요? 이런 말이 있잖아요? 한 사람의 전쟁광을 열 사람의 평화주의자가 막기 어렵다는……. 마찬가지로 사익추구자의 열성을 공익추구자가 따라가기 어려운 것입니다. 일상의 정치에서 민주진보 세력이 의지로 열성을 결합시키지 않으면 그들에게 질 수밖에 없는 것입니다. 냉정하게 말해, 오늘 일상의 정치에서 민주진보 세력에게 부족한 부분을 대신 채워주는 게 지적·윤리적 우월감이 아닐까 싶습니다. 열성이 부족한 과정의 연속이 필연적으로 낳는 부정적인 결과 앞에서 개탄하면서 힐링을 말하는 것으로 자신의 지적·윤리적 우월감을 확인하는 데 그치고 있는 게 아닌가 싶은 거지요. 마키아벨리의 책을 제대로 읽어야 할 사람들은 어쩌면 강자가 아닌 약자여야 했는데 그렇지 못한 부분이 있는 것 같습니다. 우리가 지금 언론에 관해 말하고 있습니다만, 제가 종편을 전혀 시청하고 있지 않은데, 그들도 사익을 추구하는 세력으로서 집요함을 보이고 있겠지요?

김민웅 종편에서는 정치 프로가 전성기를 맞이한 반면에, 공중파에서는 자취를 찾아볼 수 없게 되었습니다. 이른바 예능프로 일색입니다. 뉴스도 정말 중요한 현실은 다루지 않습니다. 시청자들을 기만하고 있는 셈입니다. 극소수의 예외를 빼놓고 대부분의 종편에서 나오는 소리들은 또 얼마나 가관입니까? 가랑

비에 옷 젖는다고 이런 방송이 시청자들에게 미치는 영향을 결코 가볍게 볼 일이 아니라고 생각합니다. 저는 진보 지식인들이 이에 대해 보다 심각한 위기의식을 갖고, 보다 적극적으로 대처해야 한다고 믿습니다. 치열한 공중전이 있어야 할 겁니다. 누가 우리 사회의 의식에 대한 주도권을 쥘 수 있는가의 싸움 아닙니까? 판가름은 여기서 날 겁니다.

종편을 구조적으로 막아내지 못했고, 또 그것을 폐지할 수 없다면 우리의 운동방향이나 방식도 달라져야 한다고 봅니다. 현실과 타협하자는 것이 아니라 현실에 기초해서 새판을 만들자는 것이지요. 종편을 보고 있는 보수대중에게 진보의 대안에 대한 생각을 바꿀 수 있는 설득력을 만들어내는 것도 하나의 과제가 된 것은 아닐까 합니다. 모르겠습니다. 제가 너무 순진하게 생각하고 있는 것은 아닌지. 하지만 오랫동안 목회 현장에서도 있어본 바로는, 무대가 있고 마이크도 주어질 수 있다면 그 어디서든 진실에 대해 증언하는 일은 때와 장소를 가리지 않고 포기하지 않고 적극 나서는 것이 옳지 않을까 해요.

이야기를 좀 바꾸어서, 박근혜 정권은 언론뿐만 아니라 교육도 장악하려 하고 있잖아요. 교학사 교과서 문제도 그렇고 전교조를 전방위적으로 탄압하고 있지만 이는 역설적으로 전방위적으로 반(反) 박근혜 전선을 결집시킬 수 있는 기회가 되리라 봅니다. 전교조가 해고자 배제를 요구하는 정권의 정책에 반기를 든 것도 배제 논리로 일관하고 있는 권력에 도전하는 중대한 사건이라는 점에서, 당장에 어려움이 예상되지만 그로 써 새로운 힘의 집결처가 생겨날 것입니다. 우리 사회가 그토 록 갈망하는 것은, 바로 이렇게 권력과 자본이 배제하고자 하는 이들을 지켜내는 일 아닙니까? 바로 여기에서 우리는 우리 사회에 희망의 근거가 있다고 보고, 미래를 만들어내는 동력이 솟아난다고 믿습니다.

홍세화 두 번의 민주화 정권을 거쳤지만 근본적인 변화가 부족했습니다. 두 가지를 지적하고 싶어요. 하나는 자본주의 체제 안에 머문다고 하더라도 민주화 운동의 열매로 정권 교체를 이루었다고 한다면 그 정권을 자신의 것이 아닌 민주화의 성과물로 객관화할 줄 알아야 했는데 그렇지 못했지요. 민주 정권이라는 자만심은 있었는지 모르나 국가의 공공성에 기반한 새로운 공동체에 대한 구상과 전망을 사회구성원들에게 주는 데에는 실패했습니다. 특히 정규직과 비정규직을 공식적으로 분할하고 이들 사이에 적대의 경계를 조성한 일은 돌이킬 수 없는 결과를 빚었지요. 민주화 정권이라고 하지만 연대와 협동이 아닌 경쟁과 효율을 최고의 가치로 여기는 신자유주의의 기조에 오히려 빠져들었고 경제성장주의에서 이전 정권과 차별성을 조금도 보여주지 못했습니다. 하지만 경제성장주의로는 애당초 수구 기득권 세력과 경쟁하여 이길 수 없는 구조입니다. 그것은 산업화의 상징인물로 박정희의 향수를 안고 살아가는 사회구성원들이 적지 않기 때문이기도 하지요. 그래서 결국 이명박이라는 인물처럼 성공 신화의 주인공에게 정권을 넘겨주게 되었고 오늘 박근혜 정권을 겪게 되었습니다.

또 하나는 교육 문제입니다. 제가 가장 중요하게 생각하고 관심을 갖는 부문이기 때문에 안타까움이 더 짙게 남아 있는 것 같습니다. 이 또한 신자유주의 정책 기조에서 벗어나지 못한 한계를 그대로 드러냈는데, 그 때문에 전교조 등 민주진보 세력과 함께 힘을 합쳐도 교육개혁을 이룰 수 있을까 말까 했는데 오히려 갈등을 빚었습니다. 자유주의 정권의 한계라고 말하고 넘어가기엔 너무 한스러운 부분이지요. 민주화 또는 민주화 운동이라는 개념 자체가 두 차례의 민주화 정권을 거치면서 실종되었고 다시 민주주의를 말해야 되는 시기를 맞고 있는 것 같습니다. 하지만 민주주의는 사람들이 말한다고 저절로 성숙되는 게 아니라 노동자와 시민들이 새로운 가치관을 정립하고 세상을 바라보는 인식에 있어서 변화가 있는 만큼 그 길이 열리겠지요.

아가리가 열려야 민주주의가 열린다

김민웅 새로운 변화를 가져오려면, 대중의 삶, 그 숨결, 스타일, 어법에 대한 새로운 배움이 있어야 할 것입니다. 시민들이 평범한 일상을 통해 이루어낼 수 있는 변화가 어떤 것인지 깨닫고 찾아내고 하는 노력이 절박한 거죠. 이 책을 내는 중에 고대 학생이 쓴 대자보 "안녕하신지요?"가 화제가 되고 있는 중입니다. 모두 안녕할 수 없는 현실인데도 이를 외면하고 있는 현실을 직시하도록 양심을 일깨운 그 방식은 상당한 이들의 호응을 이끌어냈습니다. 윤리적 통증에 대한 공감대 마련에 성공한 것이라 할 수 있습니다. 누구나 알아듣고 반응을 보일 수 있고, 참여할 수 있는 일상의 방식에 대한 발견이 얼마나 중요한지 깨우친 예입니다. '아, 이건 아니다, 우리 모두가 진실로 안녕해지기 위해서 필요한 것은 무엇인가?' 하는 질문이 공유되면서 변화의 힘은 확산된다고 봅니다.

홍세화 흔히 '사회를 바꾸기 위해서는 계몽해야 한다'는 말들을 하는데, 저는 우리 사회는 계몽하기 힘들다고 생각합니다. 가정에서는 아이에게 사유를 못하게 하고, 학교에서는 학생들에게 암기만 하게 합니다. 그래서 생각하고 비판하는 힘을 잃게 되었습니다. 주입식 교육은 아무것도 모르는 어린아이들한테 잘못된 의식을 장기간에 걸쳐 그냥 꾸역꾸역 집어넣습니다. 이런 현실을 바꾸기 위해서는 학부모도 학생도 교사도 스스로 생각을 바꿔야 합니다. 당장 바뀌긴 어렵지만 나 자신부터 주위 사람들을 바꾸어 나가야 합니다. 그리고 그러기 위해서는 끊임없이 사유하고 공부해야 합니다.

시민사회 운동을 하기 위해서도 끊임없이 공부를 해야 합니다. 운동을 하는 사람들 중에서 많은 사람들이 20대 때 형성된 생각과 의식을 크게 바꾸지 않고 있는데요. 자기 의식을 고집만 하면 이웃과 소통하기 어렵습니다. 이웃의 생각을 변화시키고 설득시키기 위해서는 끊임없이 공부를 해야 합니다. 제가 학습공동체 가장자리를 구상하게 된 것도 그런 이유 때문입니다. 운동론의 기본 학습과 선점 및 홍보 등 삼각의 트라이앵글을 구성해야 하는데요. 한국의 노동 운동 단체는 기본 학습도 하지 않고 선전과 홍보도 하지 않고 있습니다. 정치적 역학관계를 위해 사람들을 동원하는 데만 급급한 나머지 기본 학습과 선전, 홍보를 하지 않는 것입니다. 그러다 보니 사유하고 실천하는 힘이 약해졌습니다.

김민웅 전적으로 동감합니다. 결국 어떤 생각의 힘이 길러지고 있느냐에 따라 그 사회의 진로도 결정되는 것 아니겠습니까? 생각의 깊이를 만들어내고, 그 생각대로 말하고 행동할 수 있는 힘을 기르는 노력을 근원적으로 해야 한다고 봅니다. 그것이 얼마나 시간이 걸린다 해도 꾸준히, 그리고 성실하게 하는 것이 진정 역사를 진보시키는 길이 아닌가 합니다. 우리는 너무도 마음이 급한 나머지, 본질에 대한 성찰을 건너뛰고 전략, 전술, 방법에 대한 고민을 앞세웠던 것이 아닐까 하는 반성을 해보게됩니다. 우리 말의 "알다"도 사실은 그 근원(알)에 대한 깨달음이라는 뜻을 갖고 있다는 점에서, 우리의 생각이 더 깊은 곳까지 도달하는 능력을 발휘했으면 좋겠습니다.

이 책의 제목이 '열려라 아가리'잖아요. 지금까지 침묵하고 있거나 침묵당했던 입을 열어, 자신의 생각과 주장을 민주광장 아고라에서 터뜨리는 시민들이 더욱 많아지고, 그 과정에서 우리는 본질에 대한 사유와 토론을 할 수 있게 될 것입니다. 권력에 의해 "입"이 아니라 "아가리"를 천대받고 무시당했던 이들이 말의 봇물을 터뜨리는 것이지요. 권력이동에 관여한 국정원의 댓글공작이 민주공화국을 만들어내는 최소한의 권리조차 유린한 사태라는 점, 그래서 이를 철저하게 청산하는 과정 없이는 민주주의는 끊임없이 위협당할 수 있다는 점 등을 공론화하고 우리의 기본상식으로 만들어가도록 해야 하는 것이지요. 그렇지 않아도 '상식'이라는 말, 영어로는 'common sense'는 '평민(common people 또는 commoners)들의 감각'이라는 의미를 가지고 있습니다. 봉건귀족들의 기득권 질서에 대응되는 평민들의 역사의식과 직감에 대한 표현입니다. 누구나 알고 있는 지식이라는 정도가 아니라, 보통의 평민들이라면 따로 배우지 않고도 감으로 이미 파악한 혁명적 사유와 비전이 바로 이 "상식"의 본래 의미라고 할 수 있습니다. 민주주의의 상식은 권력이 자신을 특권화하고, 거대한 자본에 의해 공적 자산이 사유화 되는 상황을 용납하지 않습니다. "아가리"를 다물 수 없는 것입니다. 아가리가 열린 공간에서 권력은 민주주의에 의해 통

아가리가 열린 공간에서
권력은 민주주의에 의해
통제됩니다.
자본은 감시받게 됩니다.
그래야 공적 영역의
권리가 지켜질 수
있습니다.

삶의 뿌리는 과연
무엇일까요?
저는 특히 젊은 세대가
이렇게 추하고 시시한
세상에 물들지 않기를
바라고 있습니다. 각자가
삶의 가치를 스스로
보듬고 고양시킬 수
있어야겠지요.

제됩니다. 자본은 감시받게 됩니다. 그래야 공적 영역의 권리가 지켜질 수 있습니다. 민주주의는 이 공적 영역의 지속적인 확대를 내용적으로 의미하지 않겠습니까?

이를 위해서는 끊임없이 소통하고, 치열하게 부딪쳐야 하고, 그 부딪침을 두려워하지 않는 용기가 필요할 겁니다. 처음에는 자기 혼자였나 싶어도, 여기저기서 아가리가 열리는 소리를 듣게 된다면 우리는 힘이 생겨날 겁니다. 십대 청소년들까지도 현실을 외면하지 않고 새로운 세상에 대한 요구를 하는 일이 벌어질 때, 이미 새로운 시대는 시작되었다고 봐도 괜찮을 겁니다. 정치에 무관심하고도 행복해질 수 있는 시대는 없습니다. 정치에 무관심해져야 행복할 수 있다고 가르치는 현실과 정면으로 맞서지 않으면, 우리는 계속 기만당하고 만다고 봅니다. 이 기만의 거대한 벽을 넘어, 의식의 잠을 깨우고 변화를 위한 행동을 시민들 한 사람 한 사람이 시작할 수 있다면 그건 마침내 거대한 울림이 되고 역사적 지진이 될 것입니다. 무너질 것은 무너지고, 새로 일으켜 세워야 할 것은 세우는 것, 그것이 바로 혁명 아니겠습니까? 혁명이 아니고서는 그 무엇도 달라질 수 없게 되고 있는 시대에, 혁명을 하는 것은 윤리적 선입니다. 당장에 정치가 그렇고 교육이 그러하지 않습니까? 오늘의 발걸음 하나가 내일의 현실을 만들어낼 것이며, 오늘의 결단이 내일의 혁명을 가능하게 할 것입니다.

홍세화 선생님과 긴 대담을 함께 나누면서 한 가지 확실하게 마음에 굳게 자리 잡은 생각이 있다면, 그것은 시간이 걸려도 본질로 돌아가서 출발하자는 것입니다. 본래 급진이라고 번역되는 영어 '래디칼(radical)'의 어원은 'radix', 즉 '뿌리' 아닙니까? 변화의 정도가 과격하다는 것이 아니라, 본질적 뿌리에서부터 사유하고 출발하자는 거지요. '급진'이라는 번역은 그런 의미에서 잘못된 것이라 봅니다. 무엇보다도 인간, 그리고 민주주의, 공화국, 자본주의, 사회주의 등 우리 시대의 중요한 화두를 좀 더 깊게 성찰할 수 있는 시민사회가 되어갈 수 있다면, 우리의 역사적 희망도 보다 실체가 있는 현실이 되지 않을까 합니다. 홍 선생님, 긴 시간 고생하셨습니다. 늘 건강하세요.

홍세화 저는 뜬금없는 말로 듣는 분도 있겠지만 마지막으로 사랑과 미적 감각의 결핍에 관해 말하고 싶네요. 오늘 박근혜 정권의 정치 없는 권력형 지배행태를 보면서 느끼는 게 바로 사랑과 미감의 결핍입니다. 힘의 논리만 남아 있는데 목불인견으로 뻔뻔합니다. 누군가 말했던가요, 악한 것은 그래도 좀 봐주겠는데 추한 건 도저히 못 봐주겠다고요……. 방금 김 선생이 뿌리에 관해 말씀하셨는데요, 삶의 뿌리는 과연 무엇일까요? 저는 특히 젊은 세대가 이렇게 추하고 시시한 세상에 물들지 않기를 바라고 있습니다. 각자가 삶의 가치를 스스로 보듬고 고양시킬 수 있어야겠지요. 그런데 지나치게 내 몸의 편함이나 순간적 쾌락만을 추구하고 있어요. 그래서 이렇게 말하고 싶네요.

사랑하는 데 있어서 그리고 스스로 아름다워지는 데 있어서 거
북해하거나 겸연쩍어 하지 말자고……. 김 선생님도 고생하셨
어요. 늘 건강하시길…….